霍玉蓮、蔡揚眉

當10cm遇上3cm

癌病同行的心靈札記

當10cm遇上3cm —— 癌病同行的心靈札記
作者／霍玉蓮、蔡揚眉
策劃編輯／伍詠慈
美術設計／陳詩韻
出版發行／突破出版社
香港沙田亞公角山路33號突破青年村
電話：2632 0000　傳真：2632 0388
電郵：breakthrough@breakthrough.org.hk
網址：http://www.breakthrough.org.hk
http://www.btproduct.com
承印／海洋印務
2018年5月初版1刷

Contemplation in Cancer Crisis
by Anita Fok & Yeung Mee Choi
First Printing, First Edition, May 2018

Printed in Hong Kong
ISBN 978-988-8392-75-9

本書經文取自《新標點和合本》，版權為香港聖經公會所有，承蒙允准採用，特此鳴謝。

誠邀閣下就突破出版社的書籍發表意見

歡迎加入突破書籍 Facebook page — http://www.facebook.com/btbooks.page

本書採用環保油墨印刷

生 活 與 輔 導

關懷、連繫、復和、

溝通、對話……

凝視心之脈動，

直到重新尋獲自己的心。

目錄

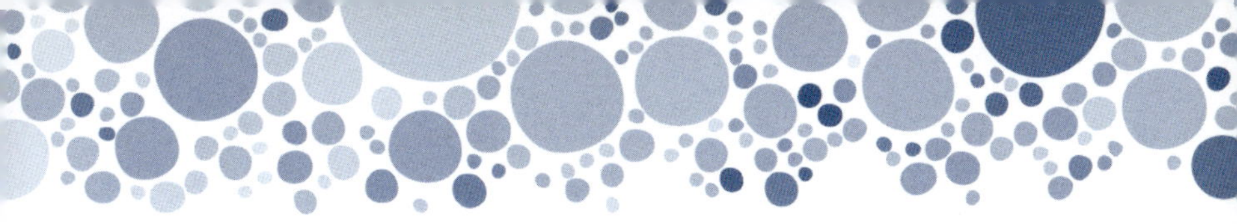

默想生命……

是一個又一個沒選擇的遭遇，拼合一次又一次可選擇的回應。

一幅獨特的圖畫。是拼出美感還是亂象？有沒有指標？誰去評審？

疾病，時常以「沒選擇的人生遭遇」出現。常有病人在診症室問我，我無吸煙無飲酒，為何我會患癌？或是我一向心地好、或是我體格健壯、或是我今年運程佳，為何會得此惡疾？

這問題很難以醫學角度回答，但行醫十多年，聽着聽着病者口中對疾病的種種解釋、抵抗、投訴，我有一個發現，就是當人困於危疾中，注視他/她眼眸的深處，會看見一個共通人性：恐懼。

這共通的人性，像一條秘密隧道，藏匿心底深處，有時要在最孤單無助的黑暗中才能感應到其存在，這隧道連接着每顆心靈。當人不再只注意解決痛苦，而是接觸內心的無助、焦慮、恐懼，走進共通的秘密隧道，以情感的共鳴作引導，繼續前進，就會彼此相遇，奇蹟就在這刻出現。

玉蓮、揚眉，在病患前已認識她們，都是滿有魄力、身體健壯的強人，一位輔導，一位牧養。沒有明顯病徵，然而二人體檢中也發現癌指數倍升，遭遇如巨浪般撲向生命的小船，搖晃出人性的恐懼。

「勇氣不是沒有恐懼，乃是接觸恐懼，敢於回應。」

兩位強人在脆弱的人性恐懼中勇敢回應，在那秘密隧道中相遇，與上天共創醫治奇蹟。

感謝上天讓我一直在過程中。那是去年三月，忙碌中患有胃痛很常見，玉蓮未到四個月前已做了定期體檢，一切正常，也知道有中醫為她調理，理應沒什麼需要着急；但內心就是有一點催促、焦急，與平時不同，要再為她安排體檢，也不等她自己上化驗所抽血，在一次督導課前的早上，我親自帶針筒為她抽血。

噩耗傳來，內心一翻，我從風平浪靜湖泊細説醫者的關懷，變為處身狂風巨浪的恐懼中，心裏知道，這訊號不只是痛苦，很可能是死亡。然而，在接觸內心的擔憂和恐懼中，在心靈深處，能與病者相遇，出現更深切的關懷、慈悲，「與哀哭的人同哭」，一朵小花、一套戲、一個回憶，已能觸動到淚水。淚水在真實永恆的盼望中不是更深的哀傷和恐懼，乃是勇氣、承擔、忍耐。

然後是一位位身邊的友伴加入這心靈的連結行列。

無情的遭遇拼合各人情深的回應，這圖畫是如此細緻、又如此壯麗。能見證這微小且巨大的神蹟，實在感恩。

她們的故事，擴闊了醫者對疾病的理解，開啟病者對痛苦和恐懼的回應，啟示人心靈世界與現實世界連接緊扣，息息相關。

整個過程似夢非夢，回看一篇又一篇玉蓮與揚眉在病患中所寫的文章，點點滴滴，像夜雨，在黑夜中滙聚，成為黎明時滋潤眾生的甘露。又像點點繁星，在遼闊夜空，留下永恆印記，給予生命的行旅們安穩的盼望。

願你也有此體會，在人性各種共通之處，秘密隧道內，與我們相遇，共創奇蹟。

何展寰

香港大學家庭醫學名譽臨牀助理教授

發現生命的連結

這是一本關乎生命的書。不是純哲學式討論生命的書，是談生命一呼一吸隨時止息與啟動的書。

去年，劉曉波、鄧桂思都因為肝癌相繼離開人世。同是這一年，我竟然也確診了肝癌。今天仍然坐在這裏寫序言。真是有點春風秋雨，不知何世。久不久，我常常有一份飄泊的塵世感。坐着，一杯奶茶，一件三文治，街頭牆上的通告和標語，都在標記着人羣生命作息存留。倘若花開花落，人生人歿，只是偶然散聚，又何足惜？

詩人說：人生活着，不過是 60 歲，若是強壯，可以活到 80 歲，其中所矜誇的，不過是勞苦愁煩，轉眼成空，我們便如飛而去。

這節經文自我少年時期就深深吸引我，覺得有着無比誠實和智慧。

人生的空洞感、虛妄感、嘲弄感，存在主義者透徹經歷了。在香港基層長大的我也透徹經歷過。可是天父巨大慈愛的手掌連人生的虛妄無憑都穩穩抱住。讓我們在虛空中逆反其源，可以擁抱讚頌愁苦無辜的生命。

呀！生之奧妙深藏骨髓。

神的大手，正是這樣，把我一下子從歡愉的教學，訓練，滿有意義的個案工作中，一手把我抱去法國醫院的病牀上。

一切暫停了。好像樂曲的變調，來一個長長的休止符。

我觀天，有時灰暗得陰霾密佈，有時忽然蔚藍澄澈，我們觀者的心情一時間起伏傷愁，一時間歡喜愜意。然而，整個天空鋪在那裏，從沒有變改。

病牀，手術，回家，靜養。

一份茫茫然的陌生感。我奇妙的主是幽默聰穎變化神奇的編劇者。由我女兒從暴風雨中救活了瑟縮的小麻雀開始，作為序曲，真想不到，我在演劇，還是劇在演我。都是奇趣，善良，單純，美好！這是我所愛的主的創造。若有絲毫不好，都是人類把創造毀爛了。萬物歎息，等候更新！

休養，簡單的生活，我喜歡得不得了。而劇情一變，跟我學習靜修心禱的蔡揚眉牧師，也確診癌症。自然而然，我們互相鼓勵。病中，每天都是假期。禱告中，更加彼此扶持。她有癌症，我開始難過。她接受侵蝕性的化療、電療，更是難過。不但脫髮，痾嘔，還有失去味覺。很記得，有一次，她食甜品，味覺有些兒恢復過來，我開心得流下淚來哩。

我愈來愈察覺人類的結連。在災病中，人間充滿愛。感謝主診醫生廖子良醫生精湛的手術；感謝家人、女兒、朋友對我的珍惜。不單有許多朋友送來保健食品，為我煲湯送湯，為我傳送合適烹飪書，為我悲傷，為我流淚，有受助案主說在以色列的哭牆為我祈禱。許多朋友、學生、案主關心我，愛我，為我心痛，重複着一個主旨：「願主救護你，祝福更多人。」

渺小如我，能夠在人類的祝福項鍊排隊，真是生而無憾了。

養病的四個月，有一位精靈的蔡牧師相伴，實在淚中有笑，病得精彩。

我們四出尋幽探勝，在小公園、大公園、小山頭、大山頭，去閱讀啟蒙的故事。去理解淺易而艱深的人生。我們也去了很多次退修，行過兩三次明陣。主每次傳給我們的訊息，盡是精彩。主知道我傾向勤勉嚴肅，於是給我傾倒滿日滿月的精彩。

到今天，我常常在問：「我仍然以這肉身存留在這裏，主有什麼事要吩咐我呢？」

「耶和華啊，你已經鑒察我，認識我……你在我前後環繞我，按手在我身上。這樣的知識奇妙，是我不能測的，至高，是我不能及的……我若展開清晨的翅膀，飛到海極居住，就是在那裏，你的手必引導我；你的右手也必扶持我……我要稱謝你，因我受造，奇妙可畏；你的作為奇妙，這是我心深知道的……神啊，你的意念向我何等寶貴！其數何等眾多！我若數點，比海沙更多，我睡醒的時候，仍和你同在。」（〈詩篇〉139：1-18）

霍玉蓮

備註：曾經幫助過我的朋友，多不勝數，沒有在此一一提及你們的名字，或者沒有刊登你的合照，是害怕掛一漏萬。你們的恩情我銘記於心，願主親自報答。

療情三厘米

三厘米的腫瘤，切除了，留下十厘米的疤痕。既然主耶穌復活後仍有傷痕，我相信我的疤痕也會跟着我，那是很真實的生命記號。這本書就是關於生命的記號吧。

癌病，像噩夢，是可怕的，而且好像仍有一種在夢境的感覺。結束了嗎？癌病的療程、三厘米的療程，就這樣走完嗎？我哭過，痛過，有孤單，有焦慮，都是真實的，但那些深刻的感受都飄遠了，留下一些模模糊糊的驚嚇和痛楚。

我徘徊於病人和康復者的張力中，反正已復工，有時我感覺自己很強壯，為自己為將來定一些計劃；有時，又忽然很虛弱，特別是感冒和發燒的時候，只有安慰自己，癌病也過去了，發燒，很快就無事。不過，躺在牀上毫無氣力的情況，還是令人沮喪的。人生，就是夾雜着大病和小病。人家説小病是福，我慶幸也在大病中經歷了很多美好和歡笑，感激家人和各位友好的愛護和照顧。我也學習在我經歷高高低低的心路歷程中，留意主耶穌。

主耶穌有時近有時遠，有時像消失了，總之就是去尋覓祂。在我和玉蓮的文章中，都不約而同記下了我們尋覓主的片段。

玉蓮常常提我記下內心轉變和主的奇妙作為。在我開始穩定地進入治療階段後，玉蓮就叫我寫下患病的經歷，我認真地答應，但只是按心情寫了幾篇。我很記得在那間日本餐廳內，玉蓮忽然又對我説，你寫文章吧，我和你一起出書。我很興奮，不單止有目標，有意義，又可記下我們一起面對癌病的歷程，透過寫作有更多的反省。終於，我慢慢完成了一篇又一篇。

這次的寫作歷程很不容易，因為要走到心裏什麼角落與患病的自己面對面，與主耶穌面對面。很多時候，我只能夠寫出表面的事件和表層的一種心情，甚至亂七八糟。我告訴玉蓮，我不是不懂得寫，而是不容易走進內心更深入的部分，如果我進入了心靈深處，走近一點心靈深處，我就可以將裏面的東西寫出來。於是，玉蓮就幫我去覺察自己內心，向我提問，而我，就慢慢走進去，走下去，看見自己，看見主。我寫的文章，就是這樣的一個歷程，像靈修，根本就是靈修。

一年多前，我和玉蓮還未患病，她幫我做靈修指導，我一直未能有紀律地操練。直到病了，她先病，我接着。玉蓮不單止做了我的屬靈導師，她更向我做了生命示範。我學習做一個病人，並寫下了病人陪伴病人的點點滴滴。

蔡揚眉

十厘米腫瘤

霍玉蓮

2017 年 4 月 27 日上午 / 霍玉蓮

瑟縮的小麻雀 

大雨滂沱，雨水唏哩嘩啦的崩倒下來。好像在預示不尋常的悲哀。就在這個早上我的好朋友何醫生親自駕車載我入醫院檢查——他婉轉的説，要我入醫院做更詳盡的身體檢查，因為抽血結果，癌指數有些兒偏高——直到後來我才知道這個所謂癌指數偏高，已高過 640 的駭人數字（正常指數是 5 至 8）。

這個早上雨水打得極其猛烈，大粒大粒的打落，路人都狼狽疾走。自然沒有人留意在洗衣店的牆角落，竟然有一隻瑟縮的小麻雀，全身的羽毛濕透。

唯有女兒這麼心細，才看見了。

曾經有兩次，女兒在街上看見被車撞傷的小麻雀失救，她們很傷心，我們便設法把麻雀包裹起來，為小麻雀殮葬祈禱。女兒給我關於麻雀的訊息，我以為這次又是失救的死鳥。我以簡訊回覆，告訴女兒媽媽今次沒有時間陪伴你們埋葬小雀鳥了。

直至事後我才知道這動人的小故事。

是小女兒首先發現一隻瑟縮的小鳥，羽毛濕漉漉的黏在一起，動也無力，甚至被途人胡亂踢開。

女兒十分難過。她們都十分愛惜小動物。要怎樣搶救這小麻雀？用手去捧起牠？一不小心會弄傷受驚的小鳥，而且把小鳥嚇壞。左思右想，她們很聰明，千方百計找來一個紙盒，把開口處對準麻雀，等候麻雀轉身，牠一轉身就掉進紙盒裏。紙盒裏鋪着軟綿綿的小手巾，還有一個小小暖包，小麻雀自然躺在小手巾上，但仍然瑟縮着，一動也不動，真是令人擔心。

非常重要的是給予受傷小鳥充足的安全感。女兒餵食物，向牠唱歌都不能引起反應，於是，她們用風筒吹暖周圍的空氣，嗚嗚的風筒聲，劃破沉寂的長空，過了好一段時間，小麻雀開始輕微騷動，慢慢鬆展羽毛，再慢慢、慢慢站穩。竟然，牠開始昂起頭，張開小嘴巴，真像書上看到的圖畫，小鳥兒張開大嘴，等候雀媽媽餵哺。好動人的一刻！

太好了，女兒就尋來餵倉鼠的針管和維他命水，給麻雀餵飼，小麻雀乖乖地喝，喝了一口又一口，眼睛眨眨，羽毛鬆鬆，然後柔和地靠近，甚至樂意給女兒摸一摸牠的小頭，連聽搶救麻雀故事的我，眼睛也濕潤了。

太奇妙了，兩個女兒滿足地把麻雀放回天空，讓牠去飛！

2017 年 4 月 27 日中午

淚水説着愛

沒想過要等這麼久……

在醫院裏，在空空洞洞的大房間，臥在窄窄長長的鐵牀上，打了葡萄糖水，注射了顯影劑，來回穿梭照射，這叫做放射性全身檢查，應該是先進而有效果的科技發明。然而，所有工作人員避席，離開放射室，説明放射有一定的殺傷力。一個人在評估理解病情之前，首先就要冒風險。

放射素描完畢，我又暈又嘔，手臂長了紅疹，呈現藥物敏感的不良反應。回到病房時，睏得很，已是下午 4 時，醫生本來説要等三個小時，就知道報告結果。結果，等呀等，五時六時七時，時間一分一秒像烏龜慢行；晚上 8 時，8 時半，9 時……始終沒有消息，開始知道情況不妙。

晚上 9 時半，何醫生終於來了，他的面容摺疊成矛盾的曲線，勉強擠出許多鎮定的笑容來讀報告，報告放在眼前，肝臟右邊那又光又紅的一大塊就是惡性腫瘤，足足有 10.6 cm。

何醫生嘗試冷靜地講述報告，眼淚滾動，揚眉和何醫生都流下淚來，哽咽難言。我應該很震驚很難過，報告發現我的肝臟有一個大腫瘤，10.6 cm。

同時，我卻聽見自己祈禱的聲音，堅定地說：「父啊，沒有祢的允許，沒有人能把生命從祢手中奪去。」

有淚的地方就有愛！

天上大粒大粒的雨水，就是天父無言的愛！

2017 年 4 月 27 日晚上

每一步主留心

可敬可親的揚眉，整天為了擔心我，忘記用晚餐。已經 10 時多了，醫院也沒有用膳之處，她唯有走去九龍城吃。

本來我應該留在醫院，但我，得悉腫瘤的噩耗，想着明天不知會怎樣，趁着人生還可以走動的時候，應該自由走動，留下美好的回憶。於是我一轉念，選擇追上前去，示意揚眉陪她一齊偷走。

每一步，主也留心，每一步，主也指引。

我們溜到升降機附近，護士就給我們不可離院的警告，當然⋯⋯我們支吾以對，並不太過介懷。

驀然，一個男子的身影閃進來，穿着西裝，打扮似醫生模樣，本來我們今晚要等專科醫生半夜來巡房，難道這個就是專科醫生？一剎那間，我們的腳步回轉，追上去，他，難道就是廖醫生，他，竟然走進了我的病房，再追上去，他，卻又邁過了我的牀，唉，不是廖醫生。於是，我們悄悄地再次偷走⋯⋯

姑娘又聲張了：「她們未走呀，醫生來了。」另一個醫生打扮的男士又來了。

不是早說過是半夜 2、3 時才巡房嗎？今次來病房的正是廖子良醫生。

是這樣的，事實上，天父凝神細察，把我們每一個活潑調皮的動作也都細察，這一步和那一步，前行回轉，誤會和挽回，都奇妙配合。

父啊！祢仔細看，每一根頭髮祢都仔細看。每一步都在祢的關顧掌握之中。

肝膽臟專科廖子良醫生說：「腫瘤體積雖然大，卻是初期。你這些都是乖乖細胞，沒有擴散。曳曳的細胞，一個就可以擴散了。手術成功，就不用化療。」

真是聞所未聞，癌細胞也有乖乖的。

他的確定、自信、清晰、仁慈，真是一種專業風範。

獲得廖醫生這一番宣告和肯定，我和揚眉擁抱着開心，晚餐和宵夜都隨風飛散了！

2017 年 5 月 2 日

上帝創造癌症？

〈以賽亞書〉43 章 1 至 4 節——

「玉蓮啊，創造你的耶和華，造成你的那位，現在如此說：**你不要害怕！因為我救贖了你。我曾提你的名召你，你是屬我的。你從水中經過，我必與你同在；你趟過江河、水必不漫過你；你從火中行過，必不被燒，火焰也不着在你身上。因為我是耶和華——你的神，是以色列的聖者——你的救主；我已經使埃及作你的贖價，使古實和西巴代替你。因我看你為寶為尊；又因我愛你。**」

我的女兒好靈巧，用我的名字細細閱讀這些經文給我聽。

在生命痛苦的關頭，最能顯示人性光輝。我的鐘點清潔工，抱着我哭，入了醫院又再打電話鼓勵我：「陳太，不要怕，你又細心又良善，主必保佑你！」

使我太感動！

當人面向生關死劫的惶恐，同時亦是真情真愛顯露之時。

許多人為我哭泣，有學生為我心痛了幾天，有學生與太太商量，自願捐肝給我，我每次想起，都感動不已。

我自己，好似走過蒙太奇劇場，無緣無故成了主角，周圍是紛紜的霧靄，是家人朋友的哭泣，帶起我對生命的留戀。

走入手術室之前，我牽掛有些人會反問：「為何玉蓮要患癌症？」

我天真的女兒說：「媽咪，你不要去做聖人呀⋯⋯」（意思是聖人會受苦，承擔十字架。）她的天真，真是神給我最大的禮物。我簡單告訴她，我不是聖人，也不是為此釘十字架。「那為什麼你會患癌症？」「當中意義我現在還在揣摩，但主是愛，癌症不是來自祂的。」

可能有些朋友也有這個疑問，為何基本上看為好的人要受苦難？

受苦不是聖人、好人的專利。人生百苦，人人有份，只是聖人受苦，方法和經歷與眾不同，才令人特別記得，特別傳誦。（聲明：我不是聖人，只是願意愛主的人。）

愛女問：「你有沒有嬲神？」我說：「丁點兒都沒有。」神在大火中、大水中都拯救我們，在風高浪急時，我們像小鳥獲救。

沒有什麼事情是神死板板地安排的，萬事互相效力，叫愛神的人得益處。

有沒有眼淚？有。

有沒有深刻難以宣講的痛苦？有。

都是來自人間。要做人，就要承受人間的副產品：人生百苦。但唯有主的兒女，在苦中有愛，在痛中有望。

眾人問耶穌：「我們當行什麼？才算作神的工呢？」

耶穌回答說：「信神所差來的，就是作神的工。」

進入手術室，就是信神所差來的耶穌，陪伴我、拯救我、拖着我，扶持指導醫生和護士，無論結果如何，我相信祂愛我，這樣，我就是作成神的工了。

我帶着眾多學生朋友親人的安慰，有如七彩花束，走一趟生命深度的旅程。更加了解主在這黑暗光明交織的世間，怎麼會選擇愛上我們這些小人類？

我帶着〈以賽亞書〉43 章 1 至 4 節，感受神甘願與我們共渡的愛與痛。

進入手術室之前 

手術室究竟是什麼地方呢？

是生命列車駛經一條黑色隧道？

是外科醫生施展藝術雕塑的房間？

是人類一場生關死劫的交鋒？

是上帝給予人手眼力和科學判斷最大的寬容？

我和家人等候進入手術室。

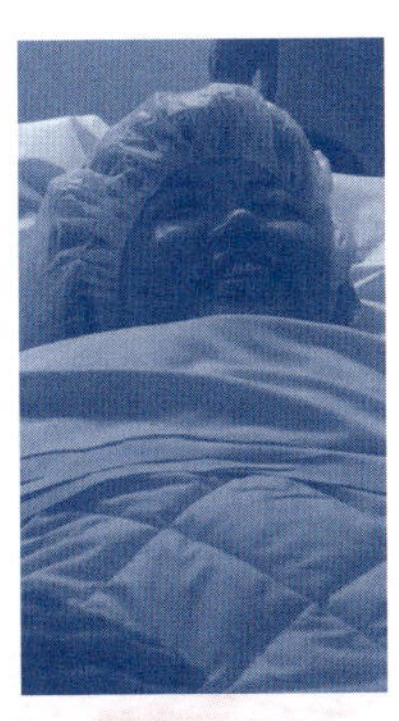

2017年5月／蔡揚眉

何處有仁

玉蓮往手術室的情況，像激盪人心的劇場。明明大家都有很多眼淚，但都吞到肚裏去，而且唱出最動人的歌聲。

「何處有仁，何處有愛。何處有仁，上主必常在。」是泰澤的詩歌。先是楚思（玉蓮大女兒）開聲唱，我和其他人就跟着唱，陪伴的人變成詩歌班，六、七個人前後包圍躺在牀上的玉蓮。護士推着病牀，我們就列隊歌唱。很嘹亮的歌聲，很溫柔的歌聲。歌聲環繞玉蓮，也充滿病房，再由病房唱到走廊通道，再唱到手術室門口。很溫馨嗎？不。我覺得有一種很壯烈的氣氛，大家只管專心去唱，專注於平穩的音律，望着玉蓮，倒有一種像送勇士到戰場的感覺。

玉蓮的手術真的像戰場，玉蓮要去打這一場仗。我們心裏很痛，很焦慮。玉蓮入手術室後，差不多每一個人都相擁而哭。哭完又哭，由知道她有癌症，就哭，但不敢哭得太厲害，陪伴的人都要冷靜一點，專注玉蓮的需要，而且往後照顧的日子漫長，大家都盡力保持穩定。終於玉蓮入手術室了，大家才肆無忌憚地痛哭。

我們陪伴玉蓮，我也找朋友陪我。璐芸買飯盒給我，又整晚在手術室外陪我，華基也來陪我。我們一起祈禱，為切走的肝祈禱，為剩下的肝祈禱。我們默想，我們禱告，求主醫治，求主拯救，求主賜靈巧的手給醫生，求主賜玉蓮意志和力量。

「何處有仁，何處有愛。何處有仁，上主必常在。」上主就在歌聲中，上主在眼淚中，上主在玉蓮身旁。

2017 年 5 月 4 日 / 霍玉蓮

靜靜的品蘭路

一條清靜的品蘭路
安安靜靜在迴旋
病者來病者去
聖女德勒撒俯身凝視
為每個來者去者
獻上縷縷頌禱

悲歡離合
生關死劫

小鳥兒啁啁啾啾
隱沒濃密的樹叢
徘徊在法國醫院
唱着生命之歌

（寫於病室外望）

2017 年 5 月 8 日

生命的選擇 

痛，止痛劑可以克服

暈眩作吐，卻是止痛劑的兄弟

要痛

或者要嘔

生命　總是可以選擇的

朋友來訪

把樹叢的啁啾

都帶來了病房

帶來歡欣連結

也消耗力氣傷神

生命　總是可以選擇的

想不到

寧靜的病房

也可以有許多噪音

對面牀亞叔

不停看電視跑馬

通電話落投注

第三場 11 號

另一牀醫生

臨夜巡房

與全家解說病情

和手術的風險

許多惆悵驚訝

又一個亞嬸

聽力不良吧

向護士姑娘大大聲

重複又重複

相同的話

我可以為自己的慘情

憐憫自己

也可以以默觀的精神

去憐憫眾生

生命　總是可以選擇的

2017 年 5 月 9 日

認得聲音

晚上我的肚腹脹得很厲害。手術釘被腹脹隆起，好像小青蛙快要「谷爆」肚子的模樣。那種辛苦不知如何告訴人，也沒有解決方法。那時候我安靜思想該怎麼辦？夜半沒有人可以幫我，即使有人也不能幫助我。

我想起詩人向上主唉哼！發出嗟歎的辛苦。問神幾時才聆聽他應允他。我又想起主耶穌在十字架上問：「你為何離棄我？」

這個時候，我明白身體的困擾，無窮盡的纏繞，是對人很大的折騰。

我經歷到當我們身體折騰的時候很容易徬徨，就像掉入一種心靈的黑夜，失去方向，失去扶持。天父好像失蹤了，不知道祂在何方？天父好似再不看顧，在這個時候，我們更加要專心地情深地仰望主！

當時我記得「我的羊認得我的聲音」，就是這句經文令我細心辨認神的聲音。一路認主聲音的時候，一路學會用單手在肚腹旁打圈。一路在客廳來回步行，一路向主呼求：「求祢憐恤我！求祢憐憫我！」

過了半個小時，終於肚腹縮小了，腹脹減輕了。

再過四個小時腹脹慢慢慢慢輕微一點了。

「我的羊認得我的聲音。」

在我們困惑的時候，像幼稚園小孩等媽媽接放學，未見蹤影。記住，你認得媽媽的聲音，認得她的身影。

「我的羊認得我的聲音。」

2017 年 5 月 12 日

人間

人間也許有惆悵

有憂傷

有苦罪懸謎的糾結

當我傳上一幅相

你們看見我的怪模樣

歡笑真情

如樹上的雞蛋花

瓣瓣飛舞

東一瓣西一片

香味睡在草原

素描這個人間

正是原創原味原美

愛上人間

只因有你

2017 年 5 月 13 日

拆釘

手術釘，是什麼東西？

是用來縫合大傷口的傳統手法，有如釘書機內的小釘固定傷口，邀請那分離的兩邊皮肉和好如初。從技術上看，是很神奇的。我真佩服手術科醫生和護士，能夠做這樣神奇的工作。在人性和肉體看，是很駭人的，使人有點毛骨悚然。

我的傷口是反方向 L 型，大約六吋乘六吋。面積不小。

睡臥在似牙醫用的斜椅上，不用麻醉藥，拔釘，聽起來有些驚懼。

護士洗完傷口走了，剩下我一個人在房間。我想着主耶穌的十字架，祂的釘痕和祂的肋旁。主耶穌體貼地溫柔地站在我身旁，我知道祂由手術室到現在都這樣陪着我。

「你覺得怎樣？」耶穌問我。

「我，驚驚地。」耶穌溫柔地包圍我。

我注視耶穌為我們受的釘痕。

「祂為我們的過犯受害，為我們的罪孽壓傷。因祂受的刑罰，我們得平安；因祂受的鞭傷，我們得醫治。」(〈以賽亞書〉53：5)

我沉思微不足道的小小釘痕可以與主永恆大愛聯合，心裏就有一份超載的喜悅和平安。

醫生來了，護士又來了。

每一下拔釘，我就想着與主聯合，一口，一口，20 口。反過來，再拔，共 40 口釘。像一滴水融入主愛的大海洋裏。

洗傷口，再敷上新的膠布紗布。站起來，走路，那皮膚的痛感和知覺來了，好似哭泣那皮肉分離的情狀。要慢行，無力，像手術後那份軟攤攤的知覺。

想着主耶穌的大愛，感恩祂陪着我，在苦痛中，祂受大的一份，我受小的一份。主真偉大！手術釘離開我了。

我像飢民一樣吃了一個包。回家，食止痛藥，沉沉大睡。

主十字架深奧的厚愛像紋身一樣，深深印在我的皮肉肌膚裏。

2017 年 5 月 17 日

痛感

隆隆大雨，傾情傾心地倒下來，那傾情愈響，心愈歡快，好像天地與我身體配合和應！聽見顛沛淋漓的憐憫和淚水。

9 時去睡，10 時仍在輾轉，12 時醒了，1 時又醒，2 時又醒，放膽吞下第二顆止痛藥。

痛感，是放肆的，是橫行而野蠻的。它，忽然降臨，又忽然轉身。

拆釘後，原來痛感更強，我清楚感覺皮膚下面一場復修的革命，好似一隊兵團在傷口下面遊行，忽然向上發射幾枚訊號，像閃電一樣隨意發放，傷口附近肌肉的神經線也在發威。

痛感，使人乏力，眉梢和嘴唇自然收緊，寫成一個「苦」字，腰背也自然哈出一條弓線，迴避那拉扯的痛。

痛感，不好迴避，要面對。面對痛感，要正直，不可姑息，要拉直腰肢，避免將來傷口癒合時，皮膚已收成彎弓形狀了。面對痛感，也要愛惜，不勉強，不喧嘩，柔順地站立，坐下，躺臥，靜靜地等候痛感過去。

「耶和華啊，祢已經監察我，認識我。我坐下，我起來，祢都曉得；祢從遠處知道我的意念。我行路，我躺臥，祢都細察；祢也深知我一切所行的。」(〈詩篇〉139：1-3)

神在前後上下環繞我，這樣奇妙的奧理，誰能猜透呢？

「人若愛我，就必遵守我的道；我父也必愛他，並且我們要到他那裏去，與他同住。」(〈約翰福音〉14：23)

天父、耶穌和聖靈，捧着我的疼痛，與我同住。

Home with Jesus 

痛，是有的。我 13 小時自然分娩痛楚都曾經過。這小小傷口痛，算不得什麼。

痛，每個人或多或少都曾經歷過。我的文字，旨在正視痛感，在默觀痛感，不否認，不誇張，不去解除，不去解決，而以真心實感去活。

我想這就是信仰落實生命的核心。

我邀請大家閱讀〈約翰福音〉14 章 23 節。耶穌回答說:「人若愛我，就必遵守我的道；我父也必愛他，並且我們要到他那裏去，與他同住。」

請細心閱讀，十分奧妙。

1. 神渴望我們的愛，也尋覓回應我們的愛，我們知道嗎？
2. 神也有愛的對象的揀選，揀選遵守祂道的人，就是愛祂。這是什麼意思呢？守道是一種怎麼樣的感情呢？
3. 神會被感動，而且會移動、行動，帶着耶穌聖靈走向這個人。嘩！你有想過這樣的事嗎？

4. 神走近祂愛的人，與他同住。什麼意思？你喜歡與什麼人同住？同住，是什麼意思？如果你心儀的王子王妃、明星、偉人要與你同住，你有什麼感受？

5. 我在反思，我在康復的痛感中，有沒有遵守祂的道呢？這一個問題最深，但可以在文章中找尋答案。天父看見我愛祂嗎？

6. 我十分感動祂帶同三位一體來到我房間，make a home with me。

痛之詩

閃閃的神經痛

遊走如晚空星星閃亮

時而現身

時而隱藏

在鋪張的黑幕裏

旋轉整頓肺腑肝腸

閃跳鋪張的銀河系

隱藏着宇宙復修的圖案

到那時

再沒有哭泣

再沒有疼痛

沒有悲傷

讓肺腑肝腸的小故事

尋覓聖愛通道

迴旋向星光燦爛

永恒迷人的家鄉

休養
霍玉蓮
、
患病
蔡揚眉

2017年5月19日 / 霍玉蓮

弔譎的肝臟 

肝臟出毛病是一件好麻煩的事情。因為肝臟負責吸收蛋白質和排除毒素。

當肝臟出現毛病，用藥物去幫助它，就會增加它的工作負荷。即使用止痛藥，也會添加肝臟辛勞。每逢添加肝臟工作等於損害肝臟。如果想用一些好食物保養肝臟，結果又需要勞煩肝臟幫忙分解高蛋白質。於是即使有益的事情也會增加肝臟的工作量。

醫治的藥物靠肝臟去分解，補益的食物也靠肝臟吸收，幫助肝臟時，卻負累了肝。多麼弔詭！

於是肝臟，不能快快康復。只能慢慢復康，要肝臟慢慢在休養生息中找回他的生機和平衡。然後肝臟會自然再生，上帝也將自癒的能力蘊藏在身體裏，這麼神奇的事，誰能通曉呢？

朋友，不要祝我快快康復，要祝我的肝臟尋回生機。在第二階段，再補養自癒的能力。祝福我經歷這漫長的旅程（半年至一年），更認識生命的奇妙，更認識此生的智慧！

由肝臟我也想到社會上一些排毒淨化社會的團體。若果這些羣體出現困難、患病，我們社會上就更難排毒更難淨化。有勇氣發聲排毒的團體肩負重任去幫助社會，但是排毒的團體遇到困難，就再沒有其他團體可以幫助他了。我感到很悲傷！

舊約的先知，也許就是社會的肝臟，指出社會黑暗，排除毒素。

我現在有空在家裏收看立法會辯論，看見泛民演說非常出色，可是發出毒素的議員極多，立法會也像給切除了肝臟，弱勢小肝，被毒素包圍，愈看愈傷心。

我們的身體，家庭，社會，怎樣靠主維持排毒的功能呢？耶穌也親自跌入凡塵，親身經歷生命裏的混水泥漿。祂這樣說：**「以後我不再和你多說話，因為這世界的王將到。他在我裏面是毫無所有。」(〈約翰福音〉14：30)**

世界的王常常發威，在耶穌裏面卻毫無所有。這是什麼意思呢？願我們一起默想……

2017 年 5 月 20 日

枯枝

〈約翰福音〉15 章 6 節——

「人若不常在我裏面，就像枝子丟在外面枯乾，人拾起來，扔在火裏燒了。」

從來沒有認真看待這節經文，只是關心枝子連於葡萄樹，結果子。今天特別留意這項輕描淡寫的警告。

如果人去到生死的門前，要交出來的是自己打造出來的生命總結。而這總結就是枯枝變成灰燼。那，多麼難堪？

差不多同一時期，東西方播放着相似的政治劇。

那邊廂，特朗普私下要求科米宣誓效忠，科米只答應向總統誠實，這個西方專制皇帝手起刀落，殺！馬上辭退科米。

這邊廂，周浩鼎掩護 689（梁振英），刪改調查 689 的文件，醜聞爆光，傳媒領了一功。任 689 和周浩鼎塗多厚的水粉，也不能遮醜。終於，周浩鼎硬撐沒有違法而自動辭職。一個誠實，一個不誠實，都辭去職務。

689、周浩鼎、特朗普的生命與什麼連結？會否被丟棄，成為灰燼？我沒有結論，也不敢妄下結論，但存在警號。

耶穌説，世界之王在祂裏面，不能得着什麼，因為在外面的都變成枯枝和灰燼！世界之王所得的就是灰燼。

想到這裏，生命實在太嚴肅。極公允，很蒼涼。

在教會裏，牧者執事，我們自己及朋友間，有沒有遠離生命的樹幹，還披戴着被眾人奉承的衣冠，卻逐漸成為沒有創造力，沒有思考力，沒有恩慈，沒有生命活力的枯枝，就快燒成灰燼？

病痛冤案創傷牢獄，都不能削弱我們的生命力和創造力，唯有遠離生命的根源和樹幹，那後果，不堪設想。

2017 年 5 月 22 日

更美的家鄉

在復康期間，早上，每逢稍有精神，我就慢行花園，路過花圃，散聚着黃蟬、巴西牡丹、馬尾鐵、黃金葛、小葉龍船花，那份寧靜，讓我好似重渡 30 至 60 天的靜修。

憶記三年前到澳洲靜修院渡過 34 天的靜修旅程。

每天早上，經過玫瑰花牆，經過草原，看見白色的鸚鵡安然食草，然後邁進大餐廳，我們吃着生果麪包，一片寧靜。

靜，就是天父的話音。

「這些人（包括亞伯，以諾，挪亞，亞伯拉罕）都是存着信心死的，並沒有得着所應許的；卻從遠處望見，且歡喜迎接，又承認自己在世上是客旅，是寄居的。」（〈希伯來書〉11：13）

已經存着信心，沒有得着應許，卻從遠處望見，就歡喜……一個人努力付出，實踐，走過人生的崎嶇路，沒有得着應許，仍然從遠處望見，從心裏歡喜。這就是看破人生，穿越塵世的態度。為何可以？因為承認自己在世上是客旅，是寄居的。

這段經文自青少年時期就深深吸引我。

媽媽家裏的客廳放着一大幅用相片接壘交錯的家庭相。歡喜快樂地互相倚傍。細看，爸爸去年離開了，我再想，第二個離開的是誰？第三個是誰？我們是客旅，是寄居的。

因為遺傳乙型肝炎，一個倒栽蔥掉進了腫瘤谷。手術前，我仍然在歡歡喜喜的畫畫，寫日記，因為我知道有更美的家鄉。

「他們卻羨慕一個更美的家鄉。」（〈希伯來書〉11：16）

方濟各説：「我們若失掉了這思鄉的心情，就會停止禱告。」（The day that our nostalgia dies, our flesh will cease to pray.）

掉進腫瘤谷後，四方八面的大俠君子紛紛穿山越嶺出現。肝美靈帥公子，石崇俏君子，翻飛牀欄俠，速遞鮮魚女俠，空氣淨化姑姑，玫瑰小仙子，茉莉花仙子，紗布巧手姑娘，還有柴可夫女俠、男俠，使小女子發現人性光輝閃閃。

這家鄉是未來家鄉的影兒。

速遞鮮魚女俠對我說：「Anita，你幫了我這麼多，我受了你太多恩惠，感謝天父讓我遇見你，一個真正勇敢的基督徒，讓我重新認識主！」太感動了！

人生，夫復何求呢？

這荒謬的塵世就靠着人性閃閃的光輝照亮更美的家鄉。

2017 年 5 月 24 日

伯伯的小花園 

因為家裏沒有傭人，所以搬去媽媽家裏休養。

那裏出入就是一個小小花圃，到處都是樹木花草。早上起牀，稍有精神，我會外出花園走走。很喜歡看見每一棵樹每一塊葉每一朵花，向他們輕輕喚早晨！昨天看見有兩朵黃蟬，今天少了一朵明天又多了一朵。折一個彎，看見巴西的野牡丹，竟然四朵花並頭而生，背靠背，互相支持，彼此沒有競爭，沒有壓力，也沒有拖累。好和諧。

這花園有一個小小的平台，在平台望出去，對面街有一幢舊樓，舊樓漆了粉紅色，樓下掛着地產招牌。在這個平凡而不起眼的地方，有一個小小的露台，露台站着一個年長的伯伯，支撐着腰肢，悠然自得，細心欣賞他在露台打理的一個小花園。

我看着他，感受着他的心情。不夠十呎長的露台，種了兩棵樹，長得比人要高；栽種了白色黃色紅色的玫瑰花，都長得很標緻，還有各種不同類別的花草。

我看見伯伯靜靜地欣賞自己的小花園。看來他大概也有 70 多歲了。他內心孤單嗎？他一個人獨居嗎？一個人住在一幢舊樓上悉心栽培這個花園。他對花草樹木的專注，令我遙望也有一份連結之情。

伯伯的小花園令我想起我也有自己的小花園，幾十年來我在大學神學院輔導學苑栽培了好多好多花草樹木。我想當伯伯也許有一天不能再出來欣賞他的花園，這些玫瑰花和小樹仍然會茂盛生長。

生命在悉心栽培、延展，只要泥土和樹根健康粗壯，所栽的生命自然會欣欣向榮茂盛生長。

很高興在塵土飛揚的城市森林，看見伯伯的小花園。

「我栽種了，亞波羅澆灌了，唯有神叫他生長。」(〈哥林多前書〉3：6)

2017 年 5 月 26 日

慢行慢食慢活

傷口終於拆了紗布，兩行路軌，兩旁佈滿釘痕。

使我又想起耶穌的十字架。我承擔人間小小不幸，祂卻以整個生命承擔眾生的罪苦。

祂還在臨別前給門徒平安及安慰：**「……叫你們在我裏面有平安。在世上，你們有苦難；但你們可以放心，我已經勝了世界。」（〈約翰福音〉16：33）**

面對着未完全復元的傷疤，怎麼樣應付呢？護士姑娘教我，「全棉或絲質的衣裳不會刺激傷口。」這又是我未曾碰過的學問。

休養的時候，羣組朋友很羨慕我可以懶洋洋生活。這是一場誤會。休養，就是帶着身體一些失落的負擔，專注聆聽身體，慢行慢食慢活，卻未能懶洋洋。

慢行，就是身體裏外都是傷口。即使不怕小小閃痛。內臟正在面對失落半個肝臟的哀傷，要重整隊伍，正在開追思會，多少也要一個哀悼適應的過程。即使我想快，身體也不肯快。一個轉身，彎身，蹲下，起來，提重物，推實木門，移實木椅，牀上轉身，洗澡洗頭，剪腳趾甲，都是難度極高的動作，甚至是危險動作。每一步，都要對身體專注關懷，也是與身體親和的默觀。

所以小小的物件搬動，忘記戴眼鏡等普通失魂事件，就要用三倍時間龜速完成。也許，這就是以溫柔對待身體的慢行生活。

慢食，這個也要學習，用一個小時，慢慢食完半碗通心粉。起初，每口只食三粒通心粉，每次咀嚼 20 至 30 下，減輕胃部和腸臟負擔。這種專注，簡直是對食物的欣賞和敬虔，也是對生而能吃的感恩歌頌。

到底我有沒有誇張？手術後的確是這樣。情況再逐漸變化，有時「偷雞」想吃快一點吃多一點，或者偶一不慎，食錯了脹氣的食物，如洋葱、蕃薯，那下場是……腹脹難捱。

為何如此？因為胃部負責壓爛食物，但肝臟是它的老友記，負責分解食物裏的蛋白質，再分類吸收。肝臟兄弟少了一半能力，所有食物唯有排隊等候，把肚腹鼓得脹脹的，腹脹而未飽，唯有暫停。

於是，吃一頓簡餐，要半小時。等消化，又要一小時。食得多，等的時間倍增。消化要精力，又變成疲累，於是又想睡覺。一個普通餐，兩匙飯，魚和蔬菜，一吃得多，就要三至四小時消化。不停走動，才可令肚腹平伏。睡覺了，就開始肚餓，哈哈，往往半夜3、4時就餓醒了。

即使這樣，我很享受食物均衡，少澱粉少肉，少鹽少油少糖，多菜多水果，腸臟消化好了，口的津液也是甘甜的。

這樣，慢慢生活，用心去看去實驗去考察去思量去體會。

2017 年 5 月 28 日

祢是我心靈的大海 

祢是我心靈的大海
是美好的時光
是烏雲下的停頓
是長途車的休眠
是梳洗時的提醒
是生活的標點符號
是氣流無聲無色的節奏
是一站一站的預備

祢是人生茫茫然的出路
是驚濤駭浪的定海神針
是獨木橋的欄杆
是沒有蹤迹的印記
是前後左右的蔭庇
是等候我相認的情人

是生生世世的原因

是悲喜劇場的完滿謝幕

主，唯獨有祢

「除祢以外，在天上我有誰呢？除祢以外，在地上我也沒有所愛慕的。」(〈詩篇〉73：25)

2017 年 6 月 3 日

檸檬拯救隊

朦朦朧朧回來了

一個境地到另一個境地

麻醉師的保護

帶來連番作悶作吐

機警的小檸檬

犧牲自己

排列成搶救隊

撲鼻清香

升上來的反胃

醒神的香味鎮壓下去

升上來

壓下去

生命的緩解

已蘊藏在大自然的天地裏

2017年6月6日

又是噩耗

在平台花園，你對我說：「乳房有一硬塊，可能淋巴也有。」

眼前一株一株的蒲葵迎風輕輕擺動，雨絲飄下來，細微得不見痕迹。

遇見太大的難題，往往語言會失效。沒有什麼智慧言語，只有一連串追問，恍惚細碎的追問，可以把噩夢剪碎，煙消雲散。

與我的經驗相似，同樣是一連串子彈火車的旅程，馬上見外科醫生，馬上入醫院進一步檢查，照超聲波，照X光，抽組織化驗……

癌症主角還未康復，照顧我的人，又轉成了主角。悲劇的特徵，就是令人難以消化。人在悲痛的時候，會忽然變成一尊石像屹立不倒，一旦石膏碎裂了，淚水就唏哩嘩啦地決堤了。

但我的傷口不能承受淚水的牽動，壓抑住壓抑住……

體會到當苦難的主角和看着他人承受苦難，其實當一個旁觀的人，一樣痛苦，只是處於不同的痛苦狀態。苦難發生在自己身上，雖然恐懼、難過、擔憂、拒絕，都是無法避免的。然而，內心通達了，就可以一力承擔，靠主經過。可是當一個旁觀者，那份悲痛，彷徨，忐忑，無助，是另一種沉重，有口難言。

夜，無法安慰閃着淚水的星星。唯有風的柔善，在茫然中把淚水吹乾了。

耶穌説：**「我的神！我的神！為什麼離棄我？」（〈馬太福音〉27：46；〈馬可福音〉15：34）**

從前不太明白為何天父這麼殘忍？連親生兒子也不瞅不睬。此刻，我恍惚明白了，天父觀看自己兒子受刑，那痛苦，比自己受刑，更重千倍，萬倍。

沉默，就是最大最大的忍受和痛楚！

2017 年 6 月 / 蔡揚眉

預備

癌病，據說可以預防，但無法準備，我卻又可以有一點預備。

我的飲食是規律和節制的，我也儘量減少使用一般人所講的致癌物品，我只是沒有將「防癌」經常掛在嘴邊。假如我重新去過「正常和健康」的生活，我可以避得過癌症嗎？

癌症，或者可以作一點預防，但禍患疾病要偷襲你，還是防不勝防。人生，好像可以作很多預防，現實中，可以防禦的事情卻很有限，有時想準備一下，都無從預備。感恩的是，我的癌病歷程竟然有「預備班」。

原先是我陪伴玉蓮治療肝癌和手術，她出院不久，就輪到她陪伴我的乳癌治療歷程。我會這樣形容，她只是僅僅趕得及陪我跳上我的治療航班，她還未完全康復啊。兩個老友記緊接着確診癌症，大家一次又一次抱頭痛哭，已經分不清楚是誰去安慰誰，只感覺癌症這把刀切得又快又狠。

即或如此，因為陪着玉蓮在醫院檢查和做手術，我對檢查和手術前後的情況有更多了解，每一步，像打仗，但因為玉蓮在先，我就多了提示，並且可以作出預備。

不單是醫療和住院情況，我看着她和其他朋友給她的支援，幫助她建立守望的組羣，她親自或交託朋友處理暫停公務私務的安排等。在旁邊，看在眼裏，看到患病真的不容易，在進入手術室前，病者還有很多事務要處理。

在我開始治療前，經朋友介紹，我和玉蓮一起諮詢一位中醫師。玉蓮已順利完成手術，而且初步知道沒有擴散，醫師對她有較正面的評估；但我即將面對化療，醫師當時用「放炸彈」來描述，我心裏沉重，玉蓮也為我擔心。

為了安慰玉蓮，我說：「先是猶太人，後是希尼利人。」因為我記得玉蓮曾經說過，主耶穌醫好她，也會醫好我。我相信，上主讓我看着玉蓮得醫治，是給我的鼓勵，像預先讓我看上集或前傳，然後輪到我。對，先醫好玉蓮，然後醫治我。

這段日子，我想了又想，既然我和玉蓮「要」同期患癌，假如我們的癌病或患病次序調轉，會怎樣呢？我覺得這是難以想像的艱難，因為我不夠堅韌忍耐沉實紀律去面對治療和康復，但上主讓我看到玉蓮的示範。

哦，人間的次序，背後的上主。我看到的，是主耶穌，是主的奇妙。竟然有這樣的「預備班」，竟然這樣照顧我的需要。先是猶太人，後是希尼利人，不經意的一句話，我想不通想不透啊，卻成為寶貴深藏心裏的應許。

2017 年 6 月

鶇の約

風裏來　　雨中去

我在紫薇樹下

等葉底藏身的紫嘯鶇鳥

等紫薇下墜秒速的凝視

等葉尖水珠滑落的驚動

等一個又一個約定沒約定的相遇

卻原來

鶇鳥殷勤

高飛瀑布為我報訊

我 —— 會 —— 好 —— 好 —— 的 ——

我 —— 會 —— 更 —— 好 —— 的 ——

註：本文曾刊於《基督教週報》第 2763 期（2017 年 8 月 6 日）

2017 年 6 月

我會康復的

「我會康復的。」這是大家對我的祝願，我也深信上主會醫治我。

我 5 月確診患上乳癌（二期）。我要先接受化療和標靶同步的藥物治療，預算下半年會做手術，手術康復後，再接受標靶藥物的治療，治療期約一年。我深信主耶穌會救我、醫治我。主耶穌為我的治療有豐富的預備。

這段期間有各種感受和領會，我深刻感受上主的愛，亦感受到弟兄姊妹、友好的關心和愛護。大家的愛護，給我很多支持。首先我會放病假，放下工作和一些義務參與的項目。

我過去也曾患病、住院、做手術，但癌病畢竟是重病。起初，大家都心情沉重和擔心，我既要照顧自己，一時間也無法不去兼顧各人的需要和感受，但我還是學懂接受他人關心和幫助。這是一個很好的歷程。

以前我去醫院去家訪，我盡力用心接近有需要的人，但有時也不清楚對方有何感受。現在弟兄姊妹和友好都來探我，我感覺「很好啊」，特別喜歡大家留下來陪我吃飯。有一次，朋友說在傍晚過來，我邀請對方留下來吃「癌病餐」，她一口答應，來到之後，我說今晚吃牛扒，她才招認，因擔心「癌病餐」難吃，所以在快餐店預先填飽肚子。這是美麗美好美味的誤會。

被探訪被關懷被鼓勵真是很美好的。我很需要。我感恩可以體會這份美好和承認自己的需要。這也是我學習照顧自己的重要一步。風裏來，雨中去，拜託鶇鳥兒將我的謝意送給大家。

註：本文曾刊於《基督教週報》第 2763 期（2017 年 8 月 6 日）

2017 年 6 月

腫瘤

我叫她小靴。她很聰明，有人說她「惡」。

小靴就是我的乳癌腫瘤，屬 HER2 型，因為有 HER 這個字，我為她取名小靴。

腫瘤科醫生第一次介紹我認識小靴的時候，在紙上畫了一個小圓圈。醫生帶着很親切的笑容說，這類腫瘤很「聰明」。後來醫生又在圓周外圍畫上若干「加號」，那些「加號」代表將來要用的標靶藥，醫生說，標靶藥可以「鎖」着她。

人家總愛說抗癌，我就一直猶豫。我承認小靴令我苦惱痛楚難過，我希望她儘快消失，不要跟着我。但我總覺得她是我的一部分，我不想敵視她，我想過可否好好安撫她，叫她離開。我又覺得抗癌太辛苦，可否不抗？當然，我要治療要康復，但在治療期間，可以與腫瘤好好相處嗎？

從醫學角度，癌細胞是變異的細胞。這種變異像做反，會傷害我。既然是這樣，我還要這樣友善嗎？

我不是要美化這個腫瘤，我不是因為給了她名字而變得於心不忍，是因着於心不忍而給她命名。每次想到要對付小靴，就覺得要對付自己，我就有一種莫名的沉痛。是自己要打自己的沉痛，是自己裏面出了大問題的沉痛。

小靴也會痛，每次落藥之後幾天，像有緊箍咒箍着她，我會感覺她的跳動，像掙扎。我默想小靴，她是我身體的一部分，也是一個創傷，我未做手術就已經有創傷，那是無法復元的部分，帶給我傷痛的部分。

手術之後，或許醫生會更清楚她，我卻終究無法用我的知識完全明白她。但我知道，體內有一個腫瘤，生命就不同了，要踏上另一軌迹了，從此開啟另一段人生，卻來不及跟昔日的自己道別。

我以為已經無怨無悔接納自己患癌症，但我還有未能接受的部分。腫瘤，帶給我很多的傷心，所以我無法完全面對她。管她有沒有名字，真聰明抑或真兇惡？要麼我征服她，要麼她征服我。單單征服二字，就想哭，身體像戰場。

主啊，祢最憐惜我，憐惜我每個部分，我不想掙扎，我還要與小靴並存的日子，求祢用最溫柔的凝視，讓我在祢的凝視中看清楚這個疾病。

2017 年 6 月

牧師病了

今年是教會的 60 周年慶典，我們並不鋪張，但也有一些特備項目，只是料不到在大日子的一年，堂主任竟然患上癌症。

雖然距離堂慶還有五個月，但主要的慶祝活動都在這幾個月進行。現在計算一下，我也不肯定可否出席堂慶聚餐，因為到時可能剛做完手術，身體虛弱。

我在神學院畢業後就在這裏事奉，我和弟兄姊一起慶祝過 16 次堂慶，從來沒有想過堂慶的時候不出現。不出現？未能出席？究竟有沒有機會參加？或許可以預先錄製祝賀片段？無論如何，身遠心沒離，第 17 次堂慶我還是可以參與的。

堂慶項目中，有一項是由我負責統籌，就是製作感恩的錄像專輯。除了幾個特別專訪外，我們邀請各人自拍錄像；同時，也在崇拜後擺放錄影機，任由弟兄姊妹「埋位」說話。我趕及在開始化療前兩天錄製了一段說話。

我向來不習慣錄像，尤其是自己望着鏡頭獨白，而且這次時間倉促，我剛出院又忙於各類檢查，根本未有時間細想和寫稿，但我擔心療程開始後身體情況難料，又會脫髮……擔心造型啊！所以，我還是希望錄一段化療前的講話。那是一段很簡單的說話，現在回想，可能四個字就足夠：「牧師病了。」

牧師病了。但感恩教會還有另一位牧師，執事、同工和弟兄姊妹也全方位協助和參與。就以我統籌的錄像專輯為例，我患病之前，進展緩慢，但因為我病了，我交託了幾位弟兄，結果他們像臨危受命，進展神速。

教會 60 周年，牧師病了，像失去什麼，但有更多的得着。奇妙。我心裏滿足喜悅。

註：本文曾刊於《基督教週報》第 2764 期（2017 年 8 月 13 日）

2017 年 6 月 8 日 / 霍玉蓮

媽媽我疼你痛

一年前，我就有一個願望。媽媽年紀老了，都 86 歲了。常常周身痛，好想在「點滴親和課程」完結後陪她住一兩個月，讓她感到家庭溫暖。

結果，一個腫瘤，加速我的願望成真。

看着媽媽佝僂的背推着滑行架滑行，頭髮蒼白了，牙齒剩下一隻是真的。耳朵退化了，有一隻是醫療失誤，護士打針抽血弄聾的，當時也不懂得投訴；另一隻耳朵，由耳鳴到使用耳機，現在剩下一成聽力，除非走到耳朵旁邊慢慢高聲説話，她是完全聽不到的。

從前她是一位能幹有魄力衝勁的女士，不諳英語也夠膽獨個兒過關去英國照料我坐月，去澳洲幫助妹妹產子。家中大小難題一力承擔。

老來，佝僂着背，坐輪椅，走動也不自如。可以想像那份難堪。

我把同住的事情想得很美，以為可以天天推她行公園，給她切生果、按摩、講生活小事。劇情一轉，卻是一個病人陪一個老人。每講一句話，都要我出盡氣力，站起身，繞到她的右邊，俯下身才能說得清一句話，食一餐飯，要站起來繞身多少次？

於是，我也唯有沉默。有時一餐飯，她總是夾餸給我，我又夾餸給她，她總是推辭。本來有氣，想一想，不如她夾什麼吃什麼，為她笑一笑，豈不更好？

頹喪的時候，媽媽說：「又無牙，又聽唔到，行唔到，周身痛，真是唔想做人。」聽見，令人沮喪。

煩惱的我，要默想……

從生活現實看，她好似一個人晚年的預告，生命力逐一回收，多麼可怕。

晚上，我的腹脹又來了，肚皮下有幾處頑固的傷口，好似有把刀在反抗。我搓着肚子安慰它，好一會壞一會，輾轉多番也睡不着。細細思量，生命本身是一場創造，保羅即使坐監也在歌唱，一轉念，與主好好商量，如何安排另一天？

飲水、生果、早餐、靈修、切生果給媽媽吃、陪她開玩笑、聽她傾訴、再去買張畫紙、鼓勵她步行運動……

哈哈，她笑了，我也笑了，雖然一息間腹脹又來了。

生活不求什麼，只求**「你要盡心、盡性、盡意、盡力愛主——你的神……又愛人如己。」（〈馬可福音〉12：30、33）**

2017 年 6 月 9 日

恐懼（一）：肉身受苦

「基督既在肉身受苦，你們也當將這樣的心志作為兵器。」(〈彼得前書〉4：1)

人，要面對切割身體一部分，要面對腫瘤的殘害，傷害和治療都是蔓延的痛苦，而且，是身心的搏鬥。沒有百分之一百的安全應許。

怕，是人性的。怕痛，怕苦，怕死，怕不可知的未來，怕失去，怕永久失去，怕失去自主，怕未來人生不再一樣，怕後遺症，怕副作用……一連串的怕，像綠色的青煙，把人綑鎖壓縮震抖，成為渺小無力！

我再重讀 Pope Francis——

"The word of God has creative force, and once God speaks a word to us, it can only become Word made flesh. But to receive the gift of the Word made flesh, we must hear it from our fleshly neediness, from our wounds, from our debility. That is why the Lord comes for the sake of the sickly and not the healthy; that is why he heals our frail fresh and becomes food to nourish it."

2017 年 6 月 11 日

恐懼（二）：道成肉身 

Pope Francis 的説話好深奧！

道成肉身，是在人的疾病，短缺，傷患中切入。這是什麼意思？（至於健康的人也自覺會跌倒，軟弱，有所不能的自知之明，人自嬰孩開始，就有機會經歷病痛。）

就像老莊所説，人倒空了，才能盛載滿滿的。

道，是什麼？

是道路、軌迹、文化、視野、境界、真理、生命的所以然，宇宙的唯一和全部元素，是人生最精純的本質，是創造主的愛好，是祂的展現？

神造一個肉身，是裝載他的心愛，他的本質，他展現的無盡可能？（〈約翰福音〉1：14、18）

當我默想，我想起英國美麗的湖區、加拿大露易絲湖、北歐奥斯陸清澈得叫人驚呼的湖水。

有一次，我去長洲思維靜院退修，經歷一件深刻的事情。晚飯時候，靈修導師趙太不知何故，很遲才到飯堂。沒有人為她留飯菜，剩下殘羹剩飯，我覺得淒涼。不理會同伴反對，我悄悄走出修院，去長洲碼頭，買了一個熱騰騰的飯盒。若果我太管閒事，多此一舉，我也不介意，最介意導師肚餓。

細細力敲門。趙太如神師一貫的含蓄，沒多話說，微微笑的嘴角泛着暖意。翌日，捎太給我一張明信片，是美國一個清澈湖水的倒影。題名為 Reflection（倒影），我默想了很久。

神喜歡造一個深愛的倒影？

2017 年 6 月 12 日

恐懼（三）：肉身

默想後，我認為「肉身」是將抽象的概念境界，成為有靈的活人，去體現道的無盡可能。耶穌是我們的榜樣，理想和人類人性極致體現的真相。使短缺不足的人滿懷希望。

所以保羅說，我要誇口的是誇我的軟弱，**「因我什麼時候軟弱，什麼時候就剛強了。」(〈哥林多後書〉12：10)**

病患、創傷、痛苦、危機，使人被人生的荊棘卡住，停頓下來。主來了，是找自知病弱困苦被艱難卡住的人。

為什麼呢？

在人生的低谷，我們恐懼，恐懼底下還有憂傷、沮喪、忐忑、寂寞，彷徨各種情緒。情緒需要被聆聽、被承認、被允許，讓我們更看清楚自己的模樣。

神愛我們，照我們的本相愛我們。

我與患乳癌的揚眉祈禱，我們安靜，注意心裏的渴想。

揚眉真好，真誠地感受自己的恐懼。我們從心裏一一數出來。一一確認，一一允許。

她知道自己恐懼：

恐懼不夠耐力，捱不過，
恐懼自己體形變化傷心，
恐懼往後能力大減，做不到自己想做的事。

我們向主一一承認，又一一尋求。

恐懼不夠耐力：我們什麼時候軟弱，什麼時候就堅強了。軟弱，好寶貴。

恐懼捱不過：

「你們所遇見的試探，無非是人所能受的。神是信實的，必不叫你們受試探過於所能受的；在受試探的時候，總要給你們開一條出路，叫你們能忍受得住。」(〈哥林多前書〉10：13)

恐懼手術後能力大不如前：

「因我看你為寶為尊；又因我愛你，所以我使人代替你，使列邦人替換你的生命。」(〈以賽亞書〉43：4)

怎樣祈求？求癌細胞是良性？不用化療？不用做手術？求什麼才好呢？在患難中，怎樣祈求是最深的學問。有時甚至動搖我們的信仰。我說：「你問你內心最深的渴望，那渴望與主的渴望相連結，那就是祈禱。」神的倒影，是歷程。由人間的雜質，自己愛惡欲求的雜質，轉為純淨水，是通過自我覺醒，行為轉化，情緒淨化的過程。我們謙遜地赤露敞開，祂就會逐漸與我們互動，成全驚人的奇景！

2017 年 6 月 16 日

窺探（一）

為了醫治我的肝臟，我做了兩次輻射性掃描。第一次在私家醫院做 Pet Scan；第二次在私家化驗所做 CT Scan。

對於並非常患大病的普通人來説，這個經驗「外星滋味」十足。護士也沒有告訴你這外星語言 Pet Scan、CT Scan 即是什麼？將會發生什麼事？

説穿了，原來是一個窺探內臟的故事。

第一次，我坐在輪椅上被推去放射室，醫護人員請我脱去所有衣服，披着薄薄的有前無後的病人衣裝。再安排一個小房間，要我在限時內把一公升水倒進肚子。就像青蛙變王子的喜劇，那肚腹逐漸隆起、鼓脹，令人懷疑它會不會「卜」一聲爆破肚皮，進入另一個次元的空間。這個幻想可以減輕辛苦，因為周圍沒有人肯告訴你究竟是什麼事？

完了這個環節，就是測試打針的環節。「一陣間，我會幫你做一個針斗，小小痛，給你注射糖分和顯影劑。」然後他們給我一張印上顯影劑的十多個副作用，過了膠的萬用指示牌。看完這個指示牌，你會知道你有萬份之幾的機會死亡，又有千份之幾的機會嘔吐，惡心，風疹，諸如此類。還未看清，也未想清楚，就要開始。

顯影劑，顧名思義是把內臟顯影出來。哦，原來是一張搜查令，潛入身體的內臟窺探。糖水用來做什麼呢？糖水用來「餵」癌細胞，哪裏細胞有反應，就追查到壞細胞的行蹤。它有如老鼠藥，逗那老鼠走出來，發現老鼠藏身之所。

第二次，只是飲兩杯水，同是做一個稍痛的針斗，同是注射顯影劑，同是看一張列出十多項副作用指示牌，同是把你放入一個好似改造機械人的大房，把你放在窄窄的小牀，用貼帶縛住，在你不清楚的情況下任由自動牀推出推入。

我想 70、80 歲的公公婆婆經歷這種過程，將會有幾多莫名奇妙的緊張恐懼？

2017 年 6 月 17 日

窺探（二）

兩次幅射掃描。一節比一節精彩。

第一節在私家醫院，護士比較溫和有禮。在冷冰冰的房間給你蓋一張毛氈，事前也有一小段解説。有一位不知負責什麼的女士，沒有自我介紹，張着啦啦隊的喉嚨高聲説：「你識唔識什麼叫做忍住呼吸？」

哈，用幼稚園問題考我？我真是啼笑皆非。她接着説：「做一次給我看。」噢，原來是體操教練，很有要求。只是聲音稍為滑稽。我做一次給她看，考試及格。她接着説：「OK，一陣就是這樣，我叫你吸氣就吸氣，忍住就忍住，記得要忍住呀。」

她隨着聲音消失得無影無蹤。剩下銀銅色圓拱形開張的洞穴，閃着或明或暗的燈。這個太空旅程一定很有趣！這時候，自我安慰最派用場，空虛遼闊的房間，若隱若現的機器聲，以及所有人類生物要迴避的幅射陪着我登上太空。

默默感應主耶穌，祂在我身旁照顧着，看顧着我，頓時整個人感到溫暖安全。

地球人在廣播器呼叫着，「現在吸氣……忍住……呼氣」。窄窄的鐵牀嘟嘟嘟推進推出……

閉上眼睛，我單單想着主耶穌環繞着我，保護我，愛我，用白雲和手掌承托住我。

也不知道做了十幾次，太空旅程終於結束了。出去幅射房間以外，我開始作悶，暈眩，想嘔吐……男護士真溫柔，來看一看我，看看手臂出了紅疹，就叫了更高級的護士來看我。評估：對顯影劑敏感。

溫和的亞嬸怕我走不穩，再用輪椅推我回病房。

第二次的太空旅程又是怎樣呢？

窺探（三）

第一節太空之旅發生在手術前，4 月尾。第二節太空之旅在 6 月中，覆診前。一節比一節精彩。

滿以為有了經驗，今次會比較容易。CT Scan 是局部電腦掃描，故此，那太空艙變成一個白色小圓環，看似很輕省。

穿白色衣袍的女士，踏着一地的怨憤走進來，那焦躁幾乎要升至她的鼻尖。我猜她可能是放射治療師。我問她一聲：「我想了解 Pet Scan 和 CT Scan 有什麼分別？」我應該是問了一條不能問的問題。「你去問你的醫生，你唔見我好忙，哪有時間同你解說？」她接着安排我躺下來，一輪背誦，也是關於吸氣忍氣，我成功穩步過關。然後她又飄去，無影無蹤。

換進一個找血管做針斗的護士。這個比較平靜，我就閉上眼睛，放鬆心情，信任姑娘的專業，忍受了稍痛的針刺和抽血的拔針抽血，滿以為最困難的時候過去了。

又換白袍女士進來。她要我舉起雙手，我十分合作，但她要我屈曲時，我疼痛難當，感覺那針插入我的肌肉。我告訴她，她非常氣餒，反問我有多痛？我真是不知道痛是用什麼單位量度的。我平靜地說：「唔知幾痛，但好痛。」一番折騰，她再召那護士回來。沒有重新做些什麼，只是把針口輕輕移動一下。我能接受的就去忍受。

這白衣小姑娘還要在我針口打入生理鹽水，「嚀，痛就出聲。」這一下號令式要求，心血少的人應該失了半個魂魄，幸好我有主耶穌，很鎮定。她開始打鹽水，咦，不痛，剛剛想開心，忽然大痛。「嘩，好痛！」

最奇異的是白衣女士的大聲回應：「你有無搞錯，我打了八毫升，你都不痛，怎麼第第九，十毫升就痛？你認真想想，是不是痛？是拮拮地？是痺？還是痛？」真是奧妙，又來搞痛感形容詞。況且，到底誰有無搞錯呢？誰在搞錯呢？我叫自己鎮定，別讓她鼻尖的氣，一直氣上頭頂。「再來一次，試真啲，一陣打顯影劑是四倍咁多，如果打到一半，你才說痛，那就做不成了，要中途停止。」她又接着說。

嗯，她到底是勸喻？是警告？是恐嚇？抑或……自言自語？感謝主耶穌一直站在旁邊看顧我，給我這份沉着。我才覺察在她眼中，她看不見我是一個人，她只看見一宗麻煩的差事。我有如一個開關掣，她希望我說不痛，即是 on，順利開機，我這麻煩的痛，即是 off，負累了她，等候室還有一大批等候的人。

真懷念南丁格爾，你在哪裏？

想通了，我不心焦，就聆聽她的自言自語，報告我的真實感覺。我的確痛得左手握實白布，堅定説：「嘩，好痛！」

這樣，她才肯罷休，再喚護士進來。當然又要在左手多開一次針斗，再痛一次。不過，只是小事，我最怕她們刺傷我的神經線，錯扎針，把顯影劑送了去不該去的地方？

左手成功過關，可見右手是犯了大毛病。當我睜大眼睛，發現右手針斗開在上臂與前臂之間手肘內彎處，又要屈曲雙手，當然45度轉了方向，直針又怎麼懂得轉彎？嘩，這樣扎針，真是嚇人。

可能我太好修養，我是否應該大呼小叫？然而，白衣女士已經預言，「哼，你若果一陣覺得痛，檢查就會停止，不會進行。」聽來，説這威脅的話不是第一次。

完成了七至八次吸氣忍住，一切順利。返回地球的時候，覺得有驚有險。

心裏的話很多，其中一句，為什麼她們想當護士，或者放射治療師這護理行業？沒有愛心，這些危險差事的確又麻煩又痛苦。在密閉的空間，是否需要一部攝錄機，去保障病人中途出事也有一個見證者？

夜雨

天邊播放着狂風暴雨
嗶啦嗶啦
迴旋
在窗椽
露珠找到綠葉的手掌
滑溜溜轉動
閃光

細小的肝臟
在驚濤駭浪之後
失了相照的膽
又多了陌生的顯影劑
找不到可安頓的牀
滑溜溜轉動
到夜雨天亮
（寫於兩次幅射掃描後）

2017 年 6 月 24 日

細小的神蹟（一） 

昨天同「點滴親和」課程的同學舉行感恩分享會。大家熱淚盈腔，彼此珍惜，至善至美！

經過使命團的醫生講解分享，更加了解上主與我，與各人互動，成全了一個細小卻巨大的神蹟！

一般人看反常的事，就是大神蹟。例如，為病者按手祈禱，對方的腫瘤在覆檢時消失無蹤，我們稱此為神蹟。

這種以結局判斷神的神蹟，稍遇生命的挫折，就會兵敗如山倒。

另一種是我們今次經歷細小而巨大的神蹟！

細小，因為要用心靈仔細觀察神的作為，才看見祂的手如何與人互動，共同編織奇妙的故事。

巨大，因為對於當事人和所有人都有一種內心轉化的忐忑歷程，而且畢生難忘！

神蹟，即是神所作的事蹟。

神，不受拘限，可以呼風喚雨，起死回生。所以，若果我們的神要示威，我們只會懼怕，覺得祂是擺佈人生的神。《聖經》所顯示的不是這樣子操控的神。祂，含忍，自限，為所愛的人牽腸掛肚，不斷呼喚，等人回應。甘心情願因對方（人類）的自主被冷待，被懷疑，被拋離，被嫌棄，是這樣的神，與人共創神蹟！是這樣的相逢，才使人與神相識相遇，產生愛慕與敬佩之情！

2017 年 6 月 25 日

細小的神蹟（二）

我的肝臟治療歷程，充滿戲劇元素，使人戰慄，忐忑，無助，讚歎，驚訝，有笑有淚。

第一次體檢，肝癌指數 640+，兩日之內接受素描，同日找到不相識的頂級肝臟科醫生跟進。四日內安排手術，六個小時之內，不用輸血，順利完成手術。一個月後檢查，癌指數下降至 160+。再一個月後檢查，癌指數下降，由三位數降至個位數：6。

聽起來，不知道內裏乾坤，就會用博彩的思想說：「真是好彩！」

用崇拜醫學的思想：醫生真是醫術高明！

用仁愛報應的思想說：好心有好報。

用崇拜身體的思想說：身體好叻，自我療癒。

用神蹟的思想，又怎麼說呢？

2017 年 6 月 26 日

細小的神蹟（三）

用神蹟的思想怎麼説呢？

神蹟，是神的事蹟。因為人類蒙神寵愛，所以神蹟也是人蹟，人回應神的事蹟。

人的元素，環境的元素，神與人與環境互動的元素，巧妙扣連，細細追索，嘖嘖稱奇，這就是細小而巨大的神蹟；重點不在於病癒與否，而在於每一個互動，隨時改變結果，每一個參與的人都產生心靈改變。這是重點！

原來癌指數由 640+，兩個月內下降到 6，要有很多難得的因素，全部湊集起來，才會發生。

肝臟的左方充滿微細血管，癌症生在左方，就不宜動手術，最理想是生在右方。

若果腫瘤壓住大血管，不能動手術。

若果腫瘤已經擴散，不能單靠手術醫治。

若果乙型肝炎引發肝硬化，未產生抗體，手術也不易成功。

肝臟跨度是 11 厘米，若果在 20 年前，科學知識、技術和儀器不夠先進，5 厘米以上的腫瘤已經不能動手術。

若果個人整體體質不良，體質不好，動了手術，也不易恢復正常癌指數的狀態。

起碼六個「若果」聚集起來，才能有插水式直落的健康指數。

嘩！在我心裏，產生了九死一生的敬畏。

2017 年 6 月 27 日

細小的神蹟（四）

這種種因素，都是事後才逐一揭曉。在當中，是所有參與者與神互動，才幻化讚歎驚奇，而不是碰運氣，靠彩數。

何醫生向我們解説醫學常識，肝臟細胞回應肝炎有兩個方法：

第一個是用 T 細胞出兵，見壞細胞就殺滅。

第二個方法，是用美好的物質把壞細胞包圍，與壞細胞共處。這種方法就是產生抗體，結果除掉了乙型肝炎。

這個方法太奧妙了！用愛包圍敵細胞，與他共處。

豈不讓我們想起耶穌説：「要愛你的敵人，為他們祈禱。」

又説「麥子與稗子一同生長」，未到時刻，不能拔除。

原來研究發現，很少人用後者的方法，大概每年 0.5 至 2% 的乙肝帶菌者能夠自己產生抗體。前者的方法會形成肝硬化，使手術較難準確進行。

這樣一環扣一環，引致許多「若果」的要素陸續產生。

聽到這樣，心裏的琴弦「噹」一聲震撼！

奇妙的身體，奇妙的創造，神奇妙的秩序，橫跨身心靈界線。

2017 年 6 月 28 日

細小的神蹟（五）

恩典，就是白白的禮物。創造是恩典，創造力是恩典，萬物趨向天父美善共生共融的趨向，也靠恩典。

恩典要存在，正因反向邪惡毀壞的元素也存在。惡勢力茂盛如草。善惡交鋒時，主不停向人呼喚，讓人參與共創恩典的奇妙故事。能夠聆聽，能夠回應，有份參與，就看見神的事蹟！

在我還懵然不知的時候，神呼喚何醫生，他屢次感到不安，要主動為我驗血，倘若他說：「人有自主權，不要勉強。」熄滅了神的呼喚，就錯過了發現癌細胞的時機。

倘若我畏疾忌醫，非常固執，不肯驗血，驗血後知道指數高，更加逃避，不肯進一步檢查；檢查了，恐懼擔憂，不肯冒險做手術⋯⋯或者沒有勤奮學習的好醫生，以致醫術平庸，或者醫生驕傲自視，或者懦弱自保⋯⋯或者家人朋友矛盾閉塞攔阻，所有互動，都有機會做成不同的結果。

在往醫院檢查的第一天，大雨滂沱，女兒善心救了瑟縮牆角，半死的麻雀，簡直是美好的預言故事。天父連麻雀也看顧，何況我們呢？但若果女兒沒有憐憫心腸，沒有勇氣和智慧，不知道這半死的麻雀是否會遇見不同的結局？

在過程中，在忐忑擔憂中，不斷望向神，回憶從前美好的相遇，就是以愛作基礎的信心；不斷超越理性，去觀測神的能力和美善，就是信賴的信心。

「信神所差來的，這就是做神的工。」（〈約翰福音〉6：29）

奇妙之處，就是上帝也把結局交給人神互動的手裏，無法必然預知，無法由任何一個人控制，那就是天父更加顯明祂的自限，又大過諸天的奇恩！

在參與的所有人中，以眼淚，以歡笑去轉化內心對神的了解，對摯愛的了解，對自己的了解，這就是神蹟，神的事蹟！

「神能照着運行在我們心裏的大力充充足足地成就一切，超過我們所求所想的。」（〈以弗所書〉3：20）

2017 年 6 月 / 蔡揚眉

等一隻松鼠

我因為失眠，清晨 5 時許就去花園做簡單的運動和靈修。這一天很特別，因為第一次有屋苑住客跟我搭訕，我為這一刻的結連感到喜悅，也因此在花園流連忘返，多兜一兩個圈，或許她還有話對我說。

就在我走到白蘭樹下，佇足，在屋苑高大外牆旁邊的時候，她真的停下來又對我說了幾句話。「我在這裏見過一隻松鼠，」她指着圍牆說。「啡色的，在這裏走過。」

我還未看到就已觸動。好像已看到松鼠的尾巴擺動，看到牠快速地穿越圍牆上的防盜鐵枝。生命有觸動多好，尤其是患病的人，總有孤寂受困被約束的時刻或感受。我現在可以在病中多一個活潑的期盼。我等待再等待。雖然今天等不到你，我還會再來。

多年前我在泰澤退修時，在雨後的大清早我前往一處地方，路旁的小樹林有異動，一看，原來是一隻紅松鼠。那份驚喜以致心靈的盪漾，至今仍然記得，是一份安寧和平靜，以致可以遇上，是一刻獨處才驚覺被外界接觸的喜悅感悟，也是一種結連。是很深的觸動。

不過，直到今天，我才體會那份觸動。為什麼多年前的紅松鼠和今天未見到的松鼠如此觸動我呢？闖進我內心的，究竟是什麼？

原來我是一個感觀接觸外界的人，我看到，就有觸動；一份觸動，我就可以結連內心和外界，我就有所發現，就有喜悅。紅松鼠和松鼠帶我走進內心，在那裏，我看到自己的需要和渴想，我渴望別人走進我打開的內心，我也渴望走入別人的內心。我又看清楚，這一切，原來是上主呼喚我觸動我。

那時，耶穌在安息日從麥地經過。祂的門徒餓了，就掐起麥穗來吃。法利賽人看見，就對耶穌說：「看哪，祢的門徒做安息日不可做的事了！」耶穌對他們說：「經上記着大衞和跟從他的人飢餓之時所做的事，你們沒有念過嗎？他怎麼進了神的殿，吃了陳設餅，這餅不是他和跟從他的人可以吃得，唯獨祭司才可以吃。再者，律法上所記的，當安息日，祭司在殿裏犯了安息日還是沒有罪，你們沒有念過嗎？但我告訴你們，在這裏有一人比殿更大。『我喜愛憐恤，不喜愛祭祀。』你們若明白這話的意思，就不將無罪的當作有罪的了。因為人子是安息日的主。」(〈馬太福音〉12：1-8)

在這段經文，我問：「人子，祢是誰？」我坐在長櫈上，默想人子行近，很近，是一個人走近另一個人的相遇，人子看到另一個人，看到一個失眠的癌症病人，看到一個心靈深處有很多人性渴望的人，明白我內心的飢餓。旁邊的人會有指指點點，但我不用回答，我的需要被滿足，主耶穌喜悅我的需要被滿足，主耶穌代我回應旁邊的人。

人子，祢是誰？祢是那位在麥田路上麥田之外長櫈旁邊的人子，祢看到並願意讓一個在等候的人得到滿足。我仍然期盼看到這裏的松鼠，並等待人子走近。在每次觸動中，我重新認識那位觸動我內心的上主，一直呼喚我的上主。

2017 年 6 月

小念頭

我的乳癌療程是先做化療、標靶，然後動手術，再做標靶。這個安排讓我在手術前有幾個月作準備，其中一個準備就是身體的鍛煉。

疾者，人中箭；對，疾病，就是迅速。由確診患病到治療只是一個星期，根本沒有很多時間準備什麼。我先接受藥物治療，身體情況大致上穩定，在每階段療程中只有幾天特別疲累，但我仍然可以每天做運動。除了做一些帶氧運動，我還有一套功夫的入門操練，就是小念頭。

在確診癌症前，我跟師傅上了三堂詠春，我是正式拜師入門的，在武館，大家都是以師兄師姐相稱，還見過師叔和師叔公，影過大合照。我非常喜歡電影《一代宗師》，但向來對功夫沒有興趣，只因丈夫是功夫迷，他先我一年學詠春，希望我可以強身健體，又想夫婦有一項共同興趣，所以不斷鼓勵我。碰巧教會有一對夫婦同期加入，我覺得有兩對夫婦一齊學習很好，又有多一位姊妹陪伴，感覺好一點。

三堂功夫，總算學完了一套小念頭。師父託丈夫傳話，叫我在治療期間好好練習小念頭，鍛煉身體。雖然跟師傅認識的日子很短，但叫過師傅，總有一份感情，現在間接聽到師傅的叮嚀，心存感激。

小念頭是詠春的初級拳套。第一堂扎馬的時候，就是學二字箝羊馬開始，不消兩分鐘已腳軟氣喘，後來每天早晚練習，就變得輕鬆了。及至現在治療，我儘量每天早午晚各練習兩三次，心裏唸唸有詞，一攤三伏，似模似樣，還可以出拳轉身，只是未有機會學黐手和打木人樁，或者先在家跟師兄學習。

師傅說，小念頭的意思是專注，不要有雜念。在武館初學小念頭時，仍然想東想西。現在，我學會專注每一動作，慢慢攤手護手伏手，練氣練力。每次出拳出掌，雖不算了無牽掛，但專心治療，培養毅力鬥志，等待康復。想不到一套小念頭，就這樣陪伴着我的療程。感謝主的預備。

註：本文曾刊於《基督教週報》第 2765 期（2017 年 8 月 20 日）

髮絲

化療跟頭髮有一個約定
不遲不早
肩膀上靜靜掛着
一根又一根又一根
髮絲
風筒明明用暖意安撫
脫落更多

我在牀上執拾
一根再一根髮絲
白色的黑色的
我忍住不去計算
只知道天父已在數算中

我用主耶穌的溫柔
去執拾掉落的頭髮
好像看到
原來主為我拾起收藏
眼淚陪着髮絲掉落
都收在主的皮袋裏

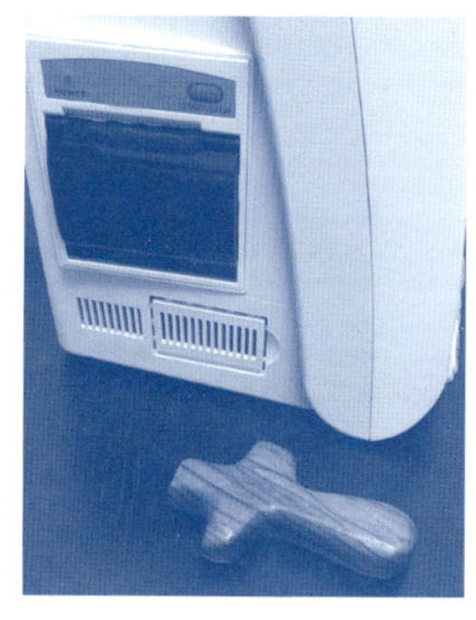

2017 年 6 月

風雨故人

風雨季節，雷雨或細雨傾訴着各種心事。患病的人留在家裏，晴天也未必可以走動，雨天就更加有被拘禁的落寞。就算友好問候，多問病情，少問心事，內心攪動驚動，也不容易說得清楚，但看着眼前的攪拌機，就想到無論有多大威力的轉動，都會瞬間平靜。

小時候，很羨慕人家有一台攪拌機，那個年頭，是很原始很簡單的那類。現在什麼都講究，都高端起來，都健康起來，其實是因為不健康，才要如此攪盡心思意念去變化食材。

我在癌症治療期間，胃口受影響，我儘量少食多餐，也因為有時未能進食固體食物，朋友就送來一部高速攪拌機，讓我有其他營養飲品輔助。攪拌機容器很大，我通常只可以飲用 50 至 100 毫升的分量。

攪拌機的響聲像停不了，好像有無法餵飽的胃口。據說，什麼東西放入去都粉身碎骨。看着一塊一塊的蔬果掉入容器，放入不到一杯的水，輕輕按動運轉鍵……噢，當然要放上杯蓋，我們還會很老式地在杯蓋上加一條小毛巾。

巨響，攪動。比攪動更激烈的擊打砸爛。像颶風的速度和威力。攪拌機內一場又一場的風暴。

我患上癌症，也以為像一場風暴，可能真的是風暴，對個人對家庭對教會，都來一個措手不及，毫無預警。現在進入治療期，好像都穩定了很多，像風暴來去匆匆。人生幾許風雨，但願風高浪急中，內心穩固。

前輩早前送我 Matthew Arnold《東倫敦》的詩句，也是我心聲：

八月炎陽高照
照射在巴色格陵污穢的街頭，
從隔窗看去
司巴脫非蒼白的織布者
顯然加倍地無精打采

我遇見一位熟知的傳道者
我問：「病痛與過勞的人啊！您的起居如何？」
他回答說：「近日常思念基督 —— 生命之糧
感到愉快和勇敢。」

註：本文曾刊於《基督教週報》第 2766 期（2017 年 8 月 27 日）

2017年6月

真相

頭巾製造一個造型

包裹真相

我脫下頭巾

給媽咪不大不小的驚嚇

媽咪慣常地堆砌問題和說話

是受到震盪了

我叫她摸一下我的頭殼

讓她親近癌病的面貌

她帶走掩藏着的傷感

留下女兒的眼淚

2017 年 6 月

0. 539

這是我患病後第一個留家休養的主日，在早幾日已開始了化療。天氣很好，一個人在家。想着周圍的事情，想着一些新聞事件，想到今天是三一主日，我決定寫一篇講章。以下是講章內容：

因為患重病，各方友好連日送上很多禮物，尤其是各類食材和水果，我衷心感激大家的愛護。在患病中，有人關心和照顧是很重要的。我看着這些禮物，滿桌子吃不完的水果，當然感謝大家，但也有很多感觸，想起香港很多基層家庭，很多在生活和患病中水深火熱受煎熬的人，這不就是另一幕的 0.539 嗎？

統計處 6 月公佈了最新反映貧富差距的堅尼系數為 0.539，較 2011 年上升 0.002，是回歸以來最嚴重，亦是 45 年以來新高，僅低於紐約市。連日來的新聞報道都有關於基層市民的苦況，又有年輕人對未來的迷惑和沮喪。

這天是三一主日，經課是：〈創世記〉1 章 1 節至 2 章 4 節上。三一主日中，我們思考、認識我們的創造主。一打開《聖經》，我們看到一位創造天地萬物的全能者，充滿恩慈、關愛和體貼，照顧天地萬物。上主賜予、上主賜福，「神看着是好的。」我們從小也唱《這是天父世界》歌，歌詞的第一節有這句「我心滿有安寧」，但現在看着真實的世界，感覺悲愴激動。

經文記載**「我們要照着我們的形象、按着我們的樣式造人……」(〈創世記〉1：26 上)** 這一節最值得我們在 0.539 下反省。什麼是神的形象和樣式？就是上主的美好美善，而我們就是按着這份美好美善被創造成為美好，展現從上主而來賦予我們生命的美好。

但天父世界受罪惡虧損，原本是無條件賜予的愛，卻被消失被侵吞被剝削……結果連最起碼的尊嚴都失去。無論是經濟貧困或患重病，生活和活動條件都會大受限制或打擊。大家在家訪或從傳媒中，都看過那些困在劏房、牀位上的家庭，留意到一些長年臥病而缺乏社區支援的悲劇，人生考驗比煉獄更苦。

傳媒關注貧富懸殊的問題，畢竟是一條 A1 新聞，但一段或幾段新聞報導之後就「關心完了」。面對輿論，政府用「官腔」回應，這個堅尼系數全球第二高的城市又要會繼續苦累了多少人？

當我問教會可以做什麼？那又變成老掉大牙的問題，又引起爭論。面對香港現今的情況，市民的艱難，教會縱然不是慈善或社福機構，但本着福音精神，我們各堂會，無論大小，也要重新思考如何在香港日益嚴竣的貧富懸殊情況中盡一分力。

「主的靈在我身上，因為祂用膏膏我，叫我傳福音給貧窮的人，差遣我報告：被擄的得釋放，瞎眼的得看見，叫那受壓制的得自由。」（〈路加福音〉4：18）

「傳福音給貧窮的人。」這是香港教會今天重要的使命。

香港教會今後會面對更多考驗，但我們不要為了自保，而是在尚有能力的時候，向貧窮人傳揚福音。我們曾經從這條扶貧的路走過來，但我們好像習慣了倚賴社會保障制度，漸漸將「愛鄰舍」的關心和服侍交給專業的隊工；我們變得富裕後，好像容易分階級，在教會築高牆，將貧窮人隔在門外。我們要思考如何具體實踐「傳福音給貧窮的人」，不再是將社關作為「花瓶」點綴一下教會的行事曆。

我們看到社會周遭困苦的人，老弱無依的市民，他們生活境況困迫，失去自由和尊嚴，那不是天父世界。

在三一主日，我臥病在家，可以有一扇窗看藍天和樹林，無限感恩，上主滿有恩典，祂厚賜百物，又託付我們管理大地。今天這個使命又大又難，但上主是公義仁愛的全能者，在全地作王管治，我們是受託的每一個。願與眾弟兄姊妹心相連，與大家一起默想 0.539 這個數字。

「這是天父世界。叫我不可遺忘，黑暗勢力雖然猖狂，天父卻仍作王。」(《這是天父世界》)

2017年7月7日 / 霍玉蓮

幸福是什麼？

黃昏，與媽媽靜靜地欣賞連續劇，有字幕真好，她憑表情和字幕足以掌握大部分劇情。此劇，有一份舒服真誠清新的人情味，加上青葱樹林，單車，湖水，使人心境舒暢。

劇集名叫《幸福的麵條》。故事始於兩位年輕人參與全亞洲麵條烹飪比賽。麵館的爺爺輩，亦是麵館的鎮店老先生，強調單有技術和操練是不足夠的，最重要是一份信念和感情。

信念和感情。一位從韓國跑到杭州的青年人，抱着對麵、對生命、對陌生人都有飛揚活潑的感情。對麵條信念十足。我細心察看，他全心全意投入自己所愛的人和事上。也許，這就是幸福？

回想剛剛知道自己有十厘米腫瘤的時候，來不及明白前因後果，我只知道很多人很容易將苦難歸咎於神。我真是為天父呼冤呀。我全心全意一心一意要讓所有認識我的人都知道神是好的，只有善，沒有惡。這是我當時的全心全意。

未做手術前，醫生說手術有風險，手術後產生併發症的機會是 20%。聽來，這機會率也不低。

手術室出來，人真是失血飢餓，氣若游絲。我當時沒有顧及辛苦或舒服，只是專心聽話，去防範併發症。要吹球練肺氣就吹球，要站直就站直，不管是否舒適，要飲水就多飲水，要步行就掩住傷口慢慢步行。這是我當時的全心全意。還記得可以吃第一口魚片粥，那時候的快樂真是難以形容。

忽然醒覺，我的人生每投入一樣興趣、一個難題、一份感情、一個科目，都是十二萬分飛揚，全心全意。媽媽常常告訴我：你四歲讀幼稚園，就會自己清早 6 時爬起牀，跪在枕頭上，靠着衣櫃寫你的毛筆字，「上大人孔乙己，化三千七十士」……

幸福，也許就是全心全意。

我被主耶穌呼喚，一相信祂就全心全意。

〈雅各書〉1 章 8 節

「心懷二意的人，在他一切所行的路上都沒有定見。」

〈雅各書〉4 章 8 節

「你們親近神，神就必親近你們。有罪的人哪，要潔淨你們的手！心懷二意的人哪，要清潔你們的心！」

潔淨了的心應該變成一心一意了！

2017 年 7 月 15 日

陌生的知覺 

有時候，我們會有一種知覺，好似不知道自己是誰？又不知自己身在何方？自身與環境之間有一份陌生感，似近還遠。

手術後兩個月了，再偶然返回自己居住的窩打老道，車依然如流水往來，人依然絡繹於途，店鋪卻竟然換了面貌，名字、裝修、桌椅、空間感，都無聲無色地改變。好似舊店從來就沒有出現過，使我們的回憶賺不得半點依依和傷感。只不過是兩個月的日子。

兩個月前和兩個月後，我也起了無可逆轉的變化，好似一場戲，上演高潮的戲碼，有些東西要失去，有些傷痕要留下。我望着那切走的肝臟相片，慘兮兮的像一個小乞丐，這個我再沒有他容身之所。不能逆轉。

我的消化系統，腸臟關係，也重新執位，生活習慣，也重新轉動，甜品、雪糕、煎炸物都被拒諸門外。Yes and no 重新調校。

這個「我」像一個修道者，帶着受傷的行囊，半投入半抽離去認領不是劇本的劇情，仍然像蒙太奇一般虛幻的感覺。

一個人，穿越一道不自選的關口，就會經歷這份陌生的知覺。譬如：失戀、失婚、進入孤兒院、移民、手術、交通意外和無法逆轉的安排。

陌生感是人類心靈誠實的敲擊音符，看得見脆弱的現實，充滿破口，在破口與破口之間，虛弱地試圖接駁永恆的國度。

陌生感可以讓人在迷惘中頹喪，又或者轉向尋求，一份自發的衝動去尋覓更加真實的真相。

「我們如今彷彿對着鏡子觀看，模糊不清，到那時就要面對面了。我如今所知道的有限，到那時就全知道，如同主知道我一樣。」(〈哥林多前書〉13：12)

2017 年 7 月 19 日

病患中的明辨 

我們都關心揚眉，我們都沒有修讀中醫或西醫，我們都是門外漢。究竟服食中藥，會傷害身體，抑或不食中藥，更傷害身體，我們沒有人有絕對把握，所以必須慎思明辨。

我想從事理和靈性兩個角度明辨，希望給揚眉和她家人參考。身體的健康是自己承擔的，所以他們最終做什麼決定，我們都會支持。

事理方面：

1. 西方醫學，本來有兩個流派，一個是順勢療法。順應身體本質，加以食物，生活習慣調適，用小量藥物，促進身體自我療癒機能。另一種就是我們現在常見的西醫療法，以藥物，注射，切割作為治療手法。以攻擊性為主，在體內闢一個戰場，殺滅病菌，作出攻擊。兩派各有益處，但因為藥廠利益，至終將順勢療法排斥在大學醫學院範圍以外。所以攻擊切割成為主流。

2. 任何醫治，必有風險，否則人不是人，是神。

西醫很聰明，將醫傷醫壞的情況，轉換概念，成為風險，稱為「副作用」。於是，以化療為例，脫髮，牙齒疏鬆，骨骼衰退，全部稱為「副作用」，而且要病人簽名畫押，是我明知道都要自願受損傷。

唐代孫思邈《金匱秘笈》説得太好：「上醫醫國，中醫醫人，下醫醫病。」

下方模式是醫病的下醫。中醫希望醫人，要顧全整個人，不會簽名畫押：我自願被化學毒藥打傷。

這一點，令我們甘心樂意進入有時是永久損傷的狀況。

西醫的另一方法，是統計數字，成功率，80%。於是癌症復發，因為大傷元氣，而過幾年傷亡的人，全部歸入那 20%，仍然是小數。這使人自願心安理得地受傷害，冒不治危險。全部由病人負責。

今次因為沒有人陪伴揚眉，所以我請纓相陪。我不認識揚眉的醫師，不嘗試作任何好壞評價。只道他本來是放射性治療師，不忍心放射治療及西醫的殘忍，去學中醫。

他診治時全面觀察及詳細問症，對化療很了解，很同意儘快化療，也同意打升白針是化療無可避免的。

他的論述是，化療是毒藥，有時連一個人的基本免疫力都一併傷害。結果，醫治不及傷害的大。

另外，他診治後發現揚眉脾胃都不弱，只是血氣差，血瘀氣虛，新陳代謝不佳，引致脾胃糖尿問題加劇。

要進行化療，必先行氣活血，鞏固體質。他指出兩種藥物不相衝撞，也知道 HER2 是什麼癌。事情緊急，他認為要儘快化療或手術，不能先鞏固體質，再化療，決定同步進行。

打個比喻：癌症好比一間屋出現許多老鼠，有機會形成鼠疫。西醫瞄準老鼠，放炸彈。不單炸死老鼠，附近貓狗，牆壁，名畫，書櫃全部炸爛。

若果一個人體質好，炸爛了，重新再買，再建。但體質不佳，就像屋樑支柱搖擺，房屋也搖動。中藥等於加派工人扶住屋樑，頂住屋頂，讓損傷有機會復修。

靈性方面：

我們要看神的手如何工作？

有一個故事大家很熟悉，一個人遇溺，祈禱神救他，救生員、快艇、直升機來了，他都不要，要等神拯救，結果死了。

所以我們要明辨這中醫是害她的，還是神差來的快艇？

神拯救摸式是使人意外的，超越慣性模式，許多時來自卑微的人。過程是當事人一步一步聆聽尋求的，心內有特殊平安的，並不按慣常習性。

我親耳聆聽揚眉如何因為網上羣組提出中醫治療可免除升白針的痛苦，這一提示開始，再加上她克服自己不想看中醫，疲乏無力正視問題；然後她讀到經文指教她要謙卑聆聽。再選擇三位腫瘤中醫：大學高級中醫，相熟師傅，和這位由 20 多年未見的中學同學，掙扎一晚後介紹給她的，從中她再判斷。她的祈禱直覺，一步一步，以超速的機會見了這中醫，過程中有平安。

我的責任是陪她發現上帝的手在哪裏？如何工作？而不是單單憑憂慮忌諱中醫去思考。憂慮焦慮是 anxiety driven，不是靈性明辨的路徑。

2017年7月 / 蔡揚眉

身體

我是同期確診患癌和糖尿病的，所以飲食方面一度很艱難。第一次化療後，我幾天內體重急跌六磅，加上化療後腹瀉略嚴重，時常覺得肚腹空洞洞，整個人輕飄飄似的。我感覺身體好像在消逝。當我平躺下來感覺自己的身體，眼淚就流下來。

或許是太虛弱，我有一點錯覺，感覺自己好像剩下一個平面。我貼在牀褥上，雙手平放，慢慢穩妥下來，有堅實的牀承托着自己。

我心裏面想什麼呢？是我可以留在這個身體裏多久？抑或這個身體還會留下來多久？手術之後，我被切割的，除了癌細胞和我的身體一些部分之外，還有什麼是被消失呢？還有那些在我體內的化療藥物，它在轟炸我的身體嗎？身體的機能會被摧毀嗎？

我默默禱求。主啊，這就是我的身體，我的身體會怎樣啊？我認識我的身體，但也不太認識。我的身體已變成戰場嗎？我不希望自己的身體是戰場。我知道裏面有一個已被發現的癌腫瘤，大家都着急要幫我對付這個腫瘤，我可以不着急嗎？但我很矛盾，我要對付自己的身體嗎？我不想對付自己的身體，我太眷戀這個肉身嗎？為什麼我從來沒有痛恨這個腫瘤？我覺得它也是我身體的一部分。它不是由我而出嗎？

主啊，我喜悅自己的身體，感謝祢給我這個身體去體會人生各種的經驗。主啊，我需要這個肉身。求祢幫我重新去看我的身體，去看我的腫瘤……

主啊，幫我去看清楚……看清楚……我閉上眼睛，看着自己的身體，是平靜的身體，內心也平靜了。我看到主耶穌看着我的身體。主的凝視，主的目光，主耶穌怎樣看我的身體？

主啊，祢看到什麼？祢看着我凝視我。我也凝視祢的目光。祢看着一切是好的。看着衰殘的身體，祢說，這是美好的。噢，美好嗎？嗯，美好啊。因為在主的眼裏，因為是上主的創造，我雖虛弱，仍然美好啊。主啊。感謝祢。

2017 年 7 月

得失

知道患上乳癌後，每次身體虛弱時我就想到，究竟我失去什麼？我失去健康失去金錢失去自由失去髮絲，將會失去身體的一部分……我如何哀悼這些失去呢？

我在牀上輾轉反側，又再問上主：「我失去什麼？」我像血漏婦人嗎？她傾盡了一生所有，想去醫好自己的病。如果不是多年前連自己也忘記買了的一份危疾保險，我們也真要傾家蕩產才可以負擔極度昂貴的標靶藥費用。我為各種的失去，曾經失落和難過。在這個深夜，我不是難過，只是反復向主提問：「我失去什麼？」主啊，我可以摸一下祢的衣裳繸子，讓我得回什麼嗎？我可以得回什麼嗎？有失，不是也有得嗎？主啊，請你回答我。

這麼多思緒又如何再入睡呢？我起牀到屋苑的花園運動和靈修。

5 點幾的夏日清晨，像秋日，涼風在我衣領和面龐吹過，還有清新的空氣，是何等愉悅安靜的時刻。要不是患病，我不會在大清早去花園做早操。原來清晨的涼風和空氣是會說話的，在耳邊和心靈給我生命的提示。上主在涼風中，在空氣中。我在涼風和空氣中，有所覺悟。

我幾十年來從未放過如此悠長的假期，雖是病假，在精神好的時候，我就當自己放大假，四出活動。我原本以為擁有的，連健康在內，卻是錯覺，我早就有病，只是自己並不知道。我以為從沒擁有過的，上主卻為我預留。

我可以得回什麼嗎？我斗膽向上主陳明。上主就在涼風和空氣中回應我。這樣的涼風這樣的空氣，以前有嗎？這樣與自己心靈對話的時刻，以前有嗎？這樣與我親近的時刻，以前有嗎？

以前有嗎？有啊。但現在很不同。是清晨 5 點的毫無牽掛。是帶着癌病又不似患病的悠然自得。是糾纏得失之間卻又得着更多的覺察。

我像摸到主耶穌的什麼部分，我心靈的躁動穩住了，我聽到主問我：「揚眉，你得到什麼？」主啊，我感受到心靈恬靜的悸動，在那裏，我看到自己、找到祢。

主耶穌在那裏給了我答案。

2017 年 7 月

烏雲

閉上眼睛，從心裏笑出來。無論身體內有幾多化療和類固醇的副作用，內心有一份安穩平靜喜悅，從心裏笑出來。

第三次化療後的這個清晨，在屋苑的花園，有涼風，抬頭看見月牙兒，我有一點點浪漫的想像，一秒鐘，烏雲遮蓋了。後來再抬頭，又見月牙兒，才看清楚那是上天給我的微笑 emoji。

昨天順利完成第三次化療和標靶治療，今次多加一種標靶藥來控制腫瘤，點滴落藥次序跟首兩次不同，反而更易適應，只是皮下注射藥物時，拔針那一下慘叫了一聲。

我睡到 3 點幾就醒來，大概是類固醇令我亢奮，以致難以入睡。我先是讀經祈禱，再試一下睡覺，卻是更多思緒，腦海滿是對親愛的人對教會弟兄姊妹對摯友對訪客的說話，有個人有世界的情懷，有激盪有哀歌……

「凡勞苦擔重擔的人可以到我這裏來，我就使你們得安息。我心裏柔和謙卑，你們當負我的軛，學我的樣式；這

樣，你們心裏就必得享安息。因為我的軛是容易的，我的擔子是輕省的。」(〈馬太福音〉11：28-30)

我有什麼重擔嗎？主要是教會和弟兄姊妹的需要。但這一切，無論近至自身或教會或社區，或遠至香港中國世界；論擔子，我都無法肩擔，就算無病，也無法背負，現在有病，就更要學習穿透自己擔負與背負主軛的分別。

烏雲漸散，在藍天與白雲下飄走，上主讓大地再見亮光。這一天，太美好。

我對患上癌病，始終如一，無怨無恨，雖然有時低沉一下、焦慮一下，還是滿載感恩，深信上主藉疾病淨化鍛煉我，並帶領我走一條經歷主愛更深更廣的靈性路徑。

康復

霍玉蓮

2017 年 7 月 19 日 / 霍玉蓮

你住哪裏（一）

我聽見有大聲音從寶座出來說：「看哪，神的帳幕在人間。祂要與人同住，他們要作祂的子民；神要親自與他們同在，作他們的神。」(〈啟示錄〉21：3)

他們說：「拉比，在哪裏住？」
耶穌說：「你們來看。」
(〈約翰福音〉1：38-39)

門徒第一個問題：耶穌住在哪裏。

耶穌的回答：你們來看。

真正的門徒關心耶穌住在哪裏，可以與祂同住，可以隨時去找祂，可以在一起。喜歡在一起。渴望在一起。

你喜歡與誰在一起？

友直友諒友多聞。

與誰常常在一起，我們就似誰。與誰同住，就描畫我們的生活內容，生活色彩，生活回憶，許多生活編織起來，就是生命故事。

你住在哪裏，與誰同住，就形成你的生命故事。

你住哪裏（二） 

中國神話中的孫悟空，住在緊箍咒裏，免牠犯錯，誤墮塵世貪嗔癡。這是很重要的，是大德蘭修女第二樓台。（參頁139）

沒有這個訓練，我們生活的方向和品味亂了序，不能享受自由，不能分辨真理。

到了第三樓台，就是品味和方向都長期修養好了，耶穌行過來，輕輕除掉緊箍咒，說，我給你換上兒子的服飾，戴上真理的冠冕。

我們本來住在情慾貪婪恐懼名利成就身分之中，自由了，才渴望知道新的住處。

耶穌，你住在哪裏？

這也是你關心的問題嗎？

你喜歡常常與耶穌在一起嗎？你渴慕耶穌嗎？

這時候，你喜歡與耶穌牽手了。

你住哪裏（三）

你們來看

耶穌，我親愛的耶穌

寬闊敞開自在恩慈

不用我説不用我來描寫

你們來看

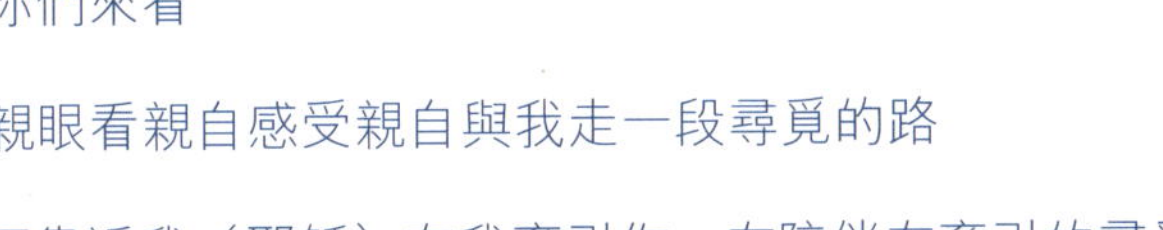

親眼看親自感受親自與我走一段尋覓的路

而靠近我（耶穌）有我牽引你，有陪伴有牽引的尋覓

很安全有耶穌牽引，一定找得到，不需要才幹技能，只需要跟隨，不分心，就能找到。

這一段路，有許多回憶，笑語真情美好，有血有肉，有危機有救助，有彼此互動關懷……

繼續走，緊緊跟隨，就會走到耶穌住的地方。

你住哪裏（四）

狐狸有洞，飛鳥有窩，人子卻沒有枕首的地方。

萬籟空寂，

是耶穌的住處。

有愛無恨，

是耶穌的住處。

無物有靠，

是耶穌的住處。

多情無掛慮，

是耶穌的住處。

有要求無責難，

是耶穌的住處。

有情愛無依戀，

是耶穌的住處。

有創意無任性，

有願望無遺憾，

是耶穌的住處。

所以，耶穌住在情歌裏

住在大吃大喝中

住在聖賢經典的書本

也住市井流氓的心中

住在真理住在自主自由

不用金鋼圈的痛苦

去懲罰

只用天父大慈大悲去吸引

這是耶穌的住處。

你住得慣嗎？

這是第四樓台

你住哪裏（五）

住慣了，才喜歡歸家。

渴望

和歸家

是住宿的鑰匙。

與耶穌同襟共枕

日子悠久

耶穌信賴

才燒烤着鮮魚問

你愛我比這些更深嗎？

這是第五六樓台

你住哪裏（六）

耶穌三次問彼得

你愛我比這些更深嗎？

是用 agape 去問

再用 phileo 去問

耶穌

問進人的心裏去

按人的步伐而問

你餵養我的羊

看呀，神的羔羊！

這是第七樓台

編按：原為「七寶樓台」，是人在靈修道路上的循序漸進，逐層逐層地進入的過程。詳參作者另一著作《愛在點滴親和間 —— 九型人格親密關係新啟示》（突破，2011）。

錯置的焦點 

〈使徒行傳〉12 章 1 至 10 節，寫了耶穌兩個心愛門徒雅各和彼得不同的命運。

1. 為何他倆遭遇不同？
2. 你想成為雅各抑或彼得？
3. 怎樣看上帝的拯救和恩典？

彼得被領出監牢不久前，雅各已被處死。這裏我想起施洗約翰痛苦慘死，耶穌也十分無奈。

其實，每個時期都有很多人死於非命。

瘟疫，世界大戰，60 年代的肺癆，今天的癌症和恐襲。

Everyone has their own human destiny !

彼得一生對耶穌都是熱情熱血的，耶穌三次問他：你愛我比這些更深麼？

我們一生對什麼熱情？我們有沒有直接回答耶穌這問題？

我們與耶穌的關係形塑了我們生命的命途（human destiny）。

毋須羨慕，也毋須嫉忌他人，更毋須比較。

我們講見證時，重點常常放在後果的效益上。兩個人有癌症，一個生一個死，難道去世的就沒有見證，這是錯置的焦點。

我與學生分享了反思見證，最後一點，關於恩典，就是牽涉更正焦點。

2017 年 7 月 28 日

人間樂園

早上，匆匆趕去陪伴揚眉進行第二次化療。

玻璃門大大個牌匾，寫明是腫瘤科，診所圍坐着候診人羣，心裏嘀咕，這麼多人患有腫瘤？牆壁上都是各種各樣癌症的資訊。這裏是戰場？是拯救的船艦？是不尋常的診所，鋪設着尋常的氣氛？

朋友送給我看的資料，化療即是用化學藥物攻打癌細胞。攻擊力強大，即是殺傷力也強大，於是身體新陳代謝較迅速的部分會首當其衝，例如：毛髮、口腔、所以患者會掉落頭髮，口腔潰瘍，手腳腫痛。使我每次想起化療的效果，也忍不住靜靜垂淚。

報上名字來，護士姑娘就帶我們入一間大概十呎乘六呎的小房間。有一張可以斜靠有扶手的厚墊長梳化椅，揚眉是半坐半睡的姿勢。旁邊都是打點滴，量血壓，放針筒的小小器材櫃。陪伴的有我和另一位牧者。牧者要趕回教會，又換上另一位朋友。

環境整潔，令可怕的想像暫時紓緩下來。

護士姑娘帶來一大包針管，長長短短五六枝，都是預備針，止嘔的、鎮痛的、幫助胃部的，針筒多得說也說不清。

看見一大堆針筒就雞皮疙瘩。揚眉為人很真心，由忐忑到平安，都一一向代禱羣組分享。我唯有心裏陪伴着她的忐忑。

揚眉曾經與我分享，怕自己捱不住，沒有能耐了。這些分享讓我肚裏的淚水又轉了一個圈。作為陪伴者首先要鎮定，要關懷。病者才可以奢望享有小小自由安定。

我的眼睛一直沒有離開過揚眉。我以微笑去承托那難堪的針筒。我的眼睛細察她臉容所表達的內心需求是什麼？曾經是病人的我，知道自己經歷千般萬種身體的不適，又不好意思說明。身體處處受到忽略也只有強忍。

身體冷暖溫度，被子蓋得完整嗎？頭部手腳膊頭受冷嗎？水分足夠嗎？心情安穩嗎？這些都是病人無助的處境。我悄悄摸摸揚眉雙腳，知道她腳冷了，為她輕輕搓揉，直至輕微溫暖。房間的冷空氣和心情的惶恐，都讓血流不順。這個輕微的動作，讓病者感受關懷。

沒有說一句話，房間輕輕地流動着安慰。

看見揚眉眉頭緊蹙了，我知道她心情憂悶了。

我為她打開一個話題：如果你想去旅行，你最想去哪裏？

讓病人離開可怕的房間，飛往天空海闊之處。那精神上的舒展多麼重要。

時間一點一滴溜走了。

針筒、毛氈、冷空氣、護士，迴旋穿流，在大約 60 呎的房間包圍着接受治療的身體，以及陪伴的人。等候這重重的手續和各種注射的步驟，揚眉睡着了。精神困乏的我們也都安心小睡片刻，睡在狹小的牆角落，睡在主寬闊的胸懷裏。

托馬斯默頓（Thomas Merton）說：「人間的樂園就是天主的心懷。」我深深領會。

夜空

夜空

碎語畫破

心房收藏的淚

如珍珠

給

一個祢

驟然掃視

又淡淡然在黑夜

的神秘中隱去

痛苦不是用來解決的 

揚眉第三次化療，化療副作用的情況愈來愈嚴重。她連續三天肚瀉，口苦，吃什麼都瀉肚子，好淒涼。不吃，又全身虛脱，沒有抵抗力。肚瀉得坐臥都痛，唯有趴下身子來休息。真是聞者傷心。

剛巧我被傳染了感冒，不能去探望她。只能隔着空氣關懷牽掛。下午以為好一點了，誰料晚上又瀉肚子，而且，她告訴我開始皮膚潰瘍。我真是十二萬分惱恨化療藥物，這麼多催殘性的副作用！旁邊的我，除了呼求主的拯救，還可以怎樣呢？

主真是奇妙！祂藉着我安慰揚眉，也藉着揚眉安慰我。

「今天很久沒接觸的中學同學忽然給我訊息，你這三天怎麼樣？剛剛這三天是最痛苦的三天。」揚眉與我在電話傾訴。

我心裏雀躍，「你有什麼感受？」

「我當時十分感動。但是我始終很辛苦，這痛苦解決不到。」

「我明白，但痛苦不是用來解決的。」我回應着。

機敏的揚眉，馬上聽見這是很重要的一句話。「你再講一次。」

我就開始分享我對痛苦的理解。不幸，像一個玻璃球。掉下來，碎了，有人拾多些，有人拾少些。既然已經決定用化療，就踩着 roller 去過，痛苦是必然的。

「你想一想，耶穌來靠近你。」

我問她中學同學問候她的感受，再數算今天早上忽然收到精美十字架；晚上肚瀉後，丈夫提醒她湯裏有油，解除感染細菌的擔心。一直數呀數，每一個環節，主耶穌都派人走近，來安慰，來指示，來肯定。

「即使是有人走近，又怎樣呢？我痛苦舒緩一下，又再痛。」

「那是『注意力所在』。產生的問題是，我們誤以為物質和五感是最真實的世界，而且聚焦在自己的良好效用，感覺之上。事實上，主耶穌常常走近，我們當祂來送外賣，只在乎那個飯盒，卻忽略了耶穌！結果我們只是活在喜怒哀樂之中，沒有活在主無微不至的關懷中，也沒有與耶穌建立關係。」

誠心的揚眉愈聽愈有領悟，連痛感都減弱了。雖然她又要上廁所了，但我祈禱揚眉在痛苦中遇見主，她的痛是不會白捱的。

〈馬太福音〉13 章 20 至 21 節

「撒在石頭地上的，就是人聽了道，當下歡喜領受，只因心裏沒有根，不過是暫時的，及至為道遭了患難，或是受了逼迫，立刻就跌倒了。」

什麼是根？就是當耶穌藉着人和事走近，不要單單品嚐那外賣飯盒，而是請送外賣的人，坐下來，飲杯茶，好好地談心。

烈火

熊熊烈火在我身上焚燒

那烈焰星星閃閃

流亡

主啊，祢的烈焰

讓我消亡

火球包着愛焰

滾動旋轉

那悸動的心靈

在祢懷裏

孵化出兩個字

純粹兩個字

奉獻

完全奉獻

天國

天國不是領獎的看台

不是歎世界的終點

不是無限的虛無與寂靜

天國

是這麼神秘美麗柔情

又這麼嚴肅要求認真

黑夜

連星星都睡着了

野狼彷彿威嚇的嗥叫

在放逐之後永無休止的失望

只有童女才信任

遲遲沒有現身的新郎

哦　天國

是親密連繫的故事

葡萄樹與枝子

牧羊人與小羊

童女等待情郎

叫人驚呼的親密

像新娘在教堂含羞等着新郎

像小孩在學校門口等待母親

像影迷等待偶像

像生命等待圓滿的真相

天國關乎親密連繫

圓滿渴想

燈火照明着這黑夜煎熬

擺上信任

指出方向和視野

一旦油盡燈枯

生命萎謝了可能

油

是燃燒的渴想

是生命的動力

是流動的源頭

是黑夜中滋養閃爍的成分

沒有油
就沒有相信沒有盼望
沒有渴想
正如一場籃球賽
輸了上半場仍然喝彩
相信耶穌一出場就有可能
正如離家出走的少女
一轉身
眼前就是張開手的父親
正如失戀的人
相信那燈火欄柵處
而驀然回首

不要把油用盡
留一點快樂與甜蜜
留一點活潑與幽默
留杯雪糕留個擁抱
還有叮噹木馬小汽球
朋友的雨傘
捱夜的湯

留一點留一點

再留一點

快樂靈巧喜悅和天真

黑夜未盡油未乾

生命爆發着驚喜趣味與可能

為了等待

再等待

圓滿的現身

痛楚

蔡揚眉

、同行

霍玉蓮

2017 年 8 月 / 蔡揚眉

五句說話

幾次化療後，我和玉蓮去退修。那時還有一半的化療療程，感覺辛苦的日子漫長，玉蓮指導我寫下五句說話來幫助自己：

1. 我的身體會自我調節；

2. 主耶穌醫治大能正在淨化我身體；

3. 我的身體有能力用正確的方法排除所有毒素；

4. 所有副作用反應是短暫的，身體會復原；

5. 我的進食會愈來愈好，我的味覺被淨化中。

這五句說話幫我認清和緊記事實，其中兩句對我特別重要，就是「我的身體會自我調節」，及「所有副作用反應是短暫的」。

我一直相信主耶穌會醫治我，雖然沒有懷疑上主，但我信心不足，尤其是沒有信心自己的身體機能會完全復元。

這五句說話，幫助我對焦上主的大能，這是信心的源頭。更重要的，是提醒我主耶穌會幫助我恢復自己身體的基本能力，這是很重要的安慰和鼓勵。因為我對自己沒有信心，我曾經以為自己只有殘留的軀殼，千瘡百孔，已經返魂無術，內心充滿無力感和沮喪。

對上主有信心，對自己無信心，好像可以並存，但又好像不合理。經過一些思考和經驗，我有點明白，就是在上主的大能中，蔭庇和包容我的無能和軟弱，令我重新用主的眼光去看自己。我不是虛浮和誇耀自己的信心，而是相信縱使我小信，仍然信主耶穌在我微小的信心中彰顯祂的醫治大能。這五句說話，就是在這樣的情況下發揮效用。

2017 年 8 月

出走

昏暗的牆壁寫滿無字的報告
一幅兩幅三幅四幅五幅六幅牆
偪促的空間竟轉出彎彎曲曲
像手風琴曲折的風箱
天花線又橫又直又斜
框住了灰灰黃黃的花樣霉菌
直角鋭角鈍角鎖着心事
吊在觸不到的邊際
模模糊糊搖醒了虛脱的身體
窗簾擋住了繁星的問候
隔不開微弱車笛聲殷勤的呼喚
守護的天使木訥無言
不瞅不睬收起雙翼
我偷取燈罩做一個軚盤
駕着牀鋪打開窗門逃出一片天空

自己陪自己飛一里路

在夜幕掛起繽紛的每粒藥丸

盡情厭棄靈丹與妙藥

暫忘生前生後事

只想追逐灑滿一身像親吻的星塵

2017 年 8 月

遺言

病得只剩下

一幅比天空細小的天空

我撐起長長的筆桿

用淚水

爽快地塗上遺言

2017 年 8 月 17 日 / 霍玉蓮

給獄中朋友的信 

親愛的周永康：

寫信慰問只是盡上我能盡的微小關懷！掛念你牢獄之苦實在難受呀！我是一名香港市民，讀了你的陳情書，感受你有一個超越、高貴而善良的靈魂！為你們受的苦，我們感到悲痛！為了你的高尚人格，我感到佩服！

你說：「當傷心、難過、憤怒、低落、憤怒纏身時，只有深刻的愛，能讓我們獲得解脱，人心不致崩潰。相反，我們更可以從中得力，成就我們蜕化成一個個更有創意、更有遠見、更有胸襟和視野的香港人……」

我想起中世紀推動修院改革的聖十字若望，他自小失去父親，深深經歷人間貧困之苦，及後推動修院改革，無辜被捕被囚。他深深體會黑夜、死亡和復活。他寫出黑夜在人生中無所不在，似乎看不到希望，以無奈、無知、混亂、巨痛掙扎、沒有安慰等不順心的形式出現，但聖十字若望給予這些痛苦一個積極的意義，他作證，黑夜最後帶給我們的是幸福。

在一個黑暗的夜裏

懸念殷殷

灼燃着愛情

啊，幸福的好運！

沒有人留意我離去

我的家已經靜息。(〈黑夜詩〉1 章 1 節)

「夜會取走我們的控制權，失去自我，而這個控制權最後以愛的形式回到我們身上。」(依恩瑪竇神父：《天主的撞擊：這是聖十字若望的回答》。如果書目允許，可以送這書給你。)

我是一名母親，也是一名肝癌康復者，於 8 月 20 日烈日當空，差不多有五萬人上街遊行，我和另一位癌症病患牧者也在遊行行列，見證天地有正氣！

上星期彭定康讚揚雙學三子有資格應可獲諾貝爾和平獎！今天，又收到 Kerry Kennedy（Robert F. Kennedy 的女兒）公開信讚揚黃之鋒，及鼓勵你們入獄的民主鬥士！

手術後，黑夜，很容易睡不着，因為傷口大，內臟埋口處產生組織紊亂的結節，要用手指輕輕按壓安撫，使皮膚組織慢慢恢復柔軟！

我在默想，香港自回歸以來，因人性的貪婪、盲目、自私，也逐漸形成龐大的腫瘤，要清除毒瘤，必須以手術切除，無辜幼嫩的皮膚就捱了兩刀。你們好比柔軟無辜的皮膚，為了香港的前途，為了平民百姓的基本權利顯映毒瘤，捱了苦楚！

香港的歷史會永遠紀念你的！香港人深深感謝你們！

每當你感到傷心、難受、悲憤、無奈的時候，要輕輕溫柔地安撫傷口使肌膚組織回復柔軟韌力彈性！

在七輪明月每月照遍一趟之後，願你身心靈更加強壯，踏出鐵窗之外，呼吸新鮮空氣！

上主愛你！香港人敬愛你！

同行者

書目：

- 依恩瑪竇神父（2015）。《天主的撞擊：這是聖十字若望的回答》。台北：星火文化。（Father Iain, M.（1995）. *The Impact of God: Soundings from St John of the Cross*. London: Hodder & Stoughton.）
- 霍玉蓮（1993）。《我有一個夢：馬丁・路德・金小傳》。香港：基道。
- 程翔（2012）。《千日無悔 —— 我的心路歷程》。香港：宣道。

行禱

如果我心裏有一口鐘

敲響一步又一步

灣仔香港堂

大佛口

行過

樂禮街

記得兩個小女孩

互相扶持

口裏顫抖激憤地説

那裏救護站

竟然發放催淚彈

往事

如煙不滅

人人心裏一本歷史日誌

7000 人

未向巴力屈膝

7000 步又 7000 步

928 走到 928

時鐘翻轉了三載

翻轉是非黑白

翻轉守法與違法

翻轉暴力與受壓

一步一禱告

卑微的地土被踐踏

卻也卑微地承托

堅定強頑

走到金鐘的天橋

曾經　那一年的 926

一隊軍裝如旋風

慌忙奔往海富中心

曾經　天橋上圍住

觀看的行旅

和關愛的行人

嗖的一聲

少年人跳入公民廣場
想以天真的跳步
把廣場還原公民的用途
不放心的羣眾
徹夜無眠
守到天亮

天真圍住天真
一圈一圈都是人羣
人羣守護人羣
沒有任何勢力
足以聚集滿街滿巷
黑壓壓的人羣
都是良善的守護愛心
唐君毅稱此境界
天德流行

添馬道連儂牆
龍和道金鐘公園
全部還原成為公民廣場

一步一奇蹟

一步一淚痕

曾經　連警察也帶着天真

羣眾舉手

呼喊「撤退！撤退！」

警察還肯撤退

曾經　學生在雨天

打一把傘

遮住受雨水淋濕的警察

曾經　在金鐘大街

五顏六色的帳幕

點染成一幅藝術名畫

如果心裏有一口鐘

滴嗒滴嗒

敲響時序 chronos 的步履

忽然驚天的時機 kairos

（陳韋安說動人時刻）

一刻已劃破

天愁地慘

送向永恆的列車

記掛純良的百姓

有免費修葺的黃伯

有擋子彈的阿婆

有大學教授與黑社會

一齊洗廁所

有勤勉的中學生溫習補課

為同學唱生日歌

光潔明淨的廁所

許多馨香的潔手液

誰人遲緩了心腸蒙了眼

污蔑美麗的時刻

把隆重的社會團結

送入監牢

製造社會絕望

的

淚滴

如我手中的蠟

燃燒自身供養火光

明明滅滅間

仍然在 7000 人

手中緊握

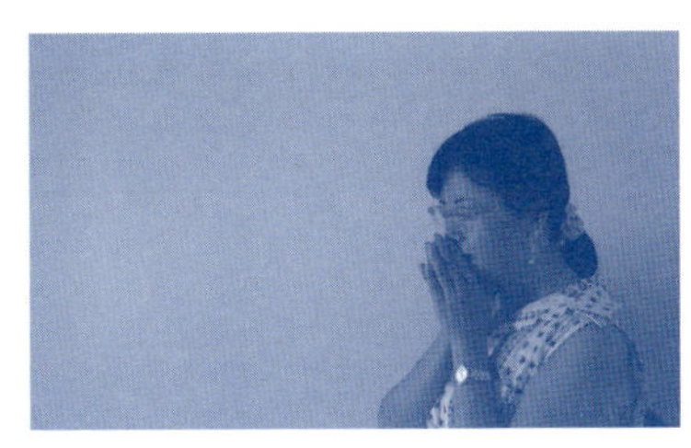

受傷

主燒傷自己，給予受苦的靈魂。那些熱愛上主的人，與上主愛裏結合的，也在主的愛焰中灼傷。這是中世紀聖十字若望深刻私密的靈性奧秘經歷。寫成詩《愛的活焰》。聖十字若望為了協助改革中世紀西班牙腐敗的修會，招惹政治和宗教迫害，無辜地被捕囚禁，患病，受虐待以致死亡。在當中他經歷主愛的火焰和心靈黑夜。這使我想起近日熱愛土地、社會、農民的青年，被刑期覆核重判，心裏悲痛，知道主的受傷更深。

聖十字若望溫柔而心境平和，認同病苦弱勢，他不喜歡教訓人，也不喜歡指責人，而是誘導所有人去看上主如何按我們的性情給予祂自己。

我一面看依恩瑪竇神父寫《天主的撞擊：這是聖十字若望的回答》，我深受感動，知道主在香港這改變的隙縫間為我們受傷，也在感召願意在主愛裏受傷的靈魂。

主燒傷自己 

給予受苦的靈魂

主
按照每個靈魂的
特徵與個性
給予祂自己
灼熱地燒傷
每個祂心愛的靈魂

熱愛農民土地環境
的樸素青年
因愛心被漆黑囚禁
可憐盲目的高官法庭
倒果為因

主讓黑漆的監牢
因社運少年
增添喜樂

如颱風中的夜雨

敲打沉睡的心

自以為是的高鐵

架起億元巨債

混沌的制度

暴露狼狽的缺陷

港珠澳大橋

演一齣手拖着手

工人紛紛葬身大海

海浪帶着控訴

不止息地翻騰

港島的摩天輪

再演一齣偷天換日

又要投標

又要拆卸重建

叫路旁的樹木

皺起眉頭抗議無謂的灰塵

濃郁的咖啡

隱藏着苦澀

苦澀的咖啡

也透露着濃香

末日的時候

兩個在田裏

一個被提

十個童女

有五個面見上主時

主説我不認識你

主按照每個靈魂

的模式給予祂自己

許多種籽

不幸

跌落乾硬沙土地

2017 年 8 月 / 蔡揚眉

越過重門的觸碰

我困在化療的身軀

夢迴顛簸路途

潛入高牆圍欄深鎖

看　　鐵窗石牀冷冰冰

無眠晚上蒼白天花

搖搖晃晃

像無聲影院屏幕

映照苦行修煉的前世今生

13 加 3 一幕又一幕

囚衣包不住赤子情深

聽　　牢房鎖不住溫柔堅定控訴

想　　借一片天空

義薄雲天的記號

連結這城的命運

高牆外聲嘶力竭的呼喚

那個酷熱的下午

有一個懺悔

我只能走一站一小段路

今晚帶着類固醇殘留的亢奮

寄出化療藥物令我變黑的手印

越過重門關卡

隔空輕輕觸碰

留低

有力無力

一個問候一下支撐

惦記

（給 13+3 寄出問候的手印）

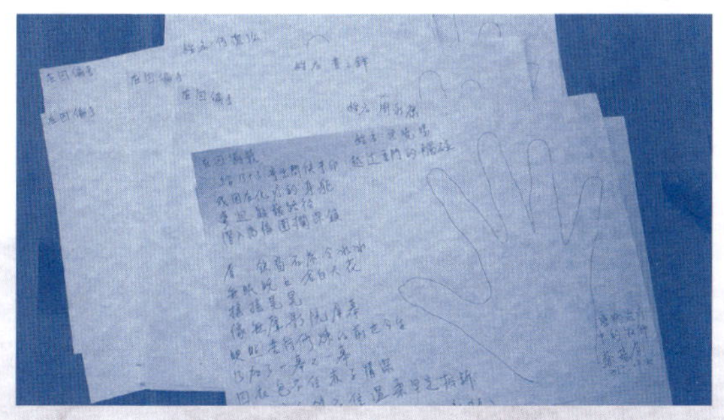

註：本文曾刊於眾新聞網站及《時代論壇》

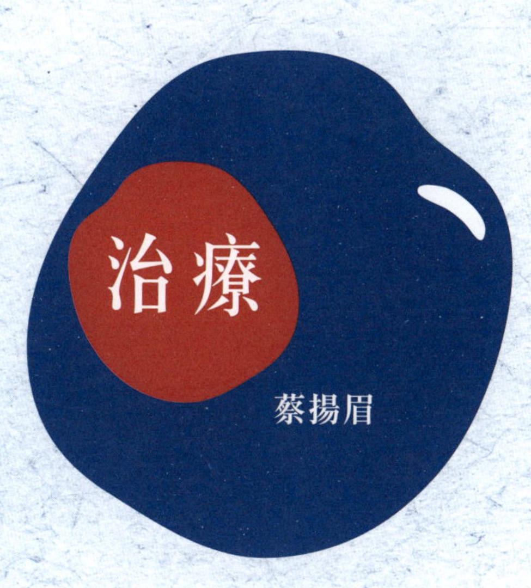
治療
蔡揚眉

2017 年 10 月 / 蔡揚眉

頸鍊

「除下頸鍊。」在身體檢查前，護士給我溫馨提示。我遵命。這是我確診癌症前第一次在醫院的檢查。自始之後，我再沒有戴上這條頸鍊，也沒有戴任何頸鍊。

很普通的頸鍊，掛着很簡單的十字架，我一直戴着，差不多二十年，我很喜歡這條頸鍊。除了這條頸鍊，我只戴着一隻戒指，是媽媽大約 30 年前送給我的戒指，是媽媽第一隻送給我的戒指。我再沒有其他飾物了。

我記得除下頸鍊的心情，明明是很瑣碎的事情，但我一直記着。在做手術前，我除下戒指，又回想除頸鍊的片段和心情。很簡單的片段，卻懷着很複雜的心情。

因為要檢查，我除下頸鍊，頸項少了飾物，卻沒有令我輕省。我當時已意識自己將要背負沉重的擔子，就是癌病。心情很沉重很忐忑。檢查之後，我以為不久的將來要做手術，所以沒有隨即戴上頸鍊。後來才知道，我要先做化療和標靶治療，然後才做手術。但我也沒有再戴頸鍊了。

除頸鍊時，很無奈很難過，代表我開始進入了治癌病的歷程。我在等待，到我再戴上頸鍊的時候，就是治療歷程的結束，就是新的階段。

由除下到戴上，是忍耐和等待。等一個愉快的心情，等自己康復。到康復那天，我才再戴上這條頸鍊。

2017 年 10 月

服藥

準備第一次化療前，我就食錯藥。

我因為心不在焉，也可能因為化療前緊張，原本是食類固醇，竟然吃了安眠藥，那是醫生要我在前一晚服用的藥物，我晚上不想吃，結果真的無法入睡，迷糊間，在大清早吃了。結果，我在半夢半醒間完成了第一次療程。

化療期間，連同我原本要服用的糖尿及膽固醇藥，我每天要服食近 30 粒藥丸。我不怕吃藥，有時還會用遊戲或挑戰自己的心態，一次過吞十粒八粒藥。我對服藥，是不太認真的，所以經常有吃錯藥的情況，尤其是太多藥的時候。

因為化療，我要吃幾類腸胃藥，以防止嘔吐和腹瀉。有些藥物一日三次，有些一日四次，有些早晚各一次，有些餐前，有些餐後。朋友和丈夫給我買藥盒，但太多藥，藥盒也幫不了忙。

不過，在我幾次食錯藥之後，就擔心會弄出嚴重事故，於是認真思考如何幫自己準確食藥。最後，還是原始的方法最好，就是用拍紙簿記下吃藥情況。拍紙簿啊，好親切，就是單行簿。

在每頁紙上，用間尺畫十個欄目，最左那欄就寫上早午晚要吃的每種藥名，吃了，就在當天欄目內加上剔號，清清楚楚，慢條斯理找出藥袋，核對藥名，從膠袋取藥，放桌面，在拍子簿加剔號，然後服用。我很喜歡這種方式，用紙用筆，不趕急不催迫，讓自己慢下來，讓自己有機會重新看每粒藥，讓自己有一種關懷愛護自己的實在感覺。

我很感激那些腸胃藥，給我很多保護，那顆綠色的膠囊藥丸更是大恩人，努力幫助我止瀉。有些藥丸的副作用很厲害，我會感到苦惱，皺起眉頭，唯有深呼吸，鼓起勇氣吞進肚裏。

化療完成後，我不用再服那麼多藥，我沒有再做服藥紀錄了。但服藥這件事，令我謙卑下來，沒有可誇口的，也不用畏懼，慢慢去完成，就可以。

2017 年 10 月

黑雨

我看見耶穌走進候診室。有點驚訝，太意想不到。

出門口的時候是紅雨。我一個人趕急去外科醫生的診所，是臨時約見。偌大的候診室幾乎坐滿人，我在角落找到一個座位，安頓後才有點點焦慮。我嘗試平靜內心，稍微抬頭望向前方，是門口位置，我看見主耶穌走進來。

我很意外，正疑惑是否自己想像出來，我定一定神，閉上眼睛去感受去凝視。很奇妙的，很喜悅的，安慰與安定。如此看見主的經歷，對我往後的療程很寶貴，讓我知道主耶穌在開始時就與我一起。

這是我第一次的檢查。見醫生時，我問癌症的機會多大，她說多於一半。心裏一沉。檢查後，醫生隨即安排我入院抽組織化驗。我聯絡丈夫，他立即請假，我們相約在家中會合。

離開診所時，是黑雨。可能是人生最黑的一場雨，但我竟然迅速截到的士，沒有淋濕。主啊，我知祢在身旁。

由這一段黑雨的路程開始，我繼續尋覓主，學習尋覓主。有時好像看不到看不清楚，有時有所發現。

幾個月後，完成了化療，在入院做手術前，我忐忑和焦慮。玉蓮說，不要太注意情緒，多注意神的無處不在。

她的說話令我有點困擾。難道我不理會自己情緒嗎？但再細心思想，我就明白。如果我太注意自己的情緒，就容易被情緒困住。我既覺察自己有情緒，就可以將情緒告訴上主，並且慢慢放開，轉眼仰望耶穌。對我，這不是容易，但很重要。

我記得護士推我入手術室時，經過轉來轉去的走廊或通道，我沒有除下眼鏡，想努力看清楚環境，就在前面，我看到牆上掛着的十字架。一秒吧，只看到一眼。主在前方，主在身旁。上主無處不在。昏睡或醒着，主在看着我。這是尋覓主的旅程。

2017 年 10 月

浮城

病房偌大玻璃窗

隔開無眠無夢的城市一角

一塊塊高聳的積木

囂張地重重包圍過來

玻璃幕牆和玻璃窗

炫耀折射

扭曲的亮麗

無休止無默契的商廈

早已插進浮城的心臟

拚命向上佔領天空

只餘狹窄縫隙

高高低低天台

畫出不規則底線的藍天雲圖

任逍遙的鴿子陪着

不遠處傲然挺立的幾棟唐樓

天台飄揚的衣衫

抵抗圍城的虛妄

病人入手術室前

佇立窗前

問天

城市的腫瘤不是更嚴重嗎

2017 年 11 月

進食

有一個晚上，我吃了兩粒朱古力，然後又偷吃多一粒。翌日，我在茶餐廳點一款食物……（噢，不可涉密，千夫所指的。）上了年紀，更何況患上癌病，連吃一粒糖果也是偷偷摸摸啊。

治療過程中，吃與不吃，吃什麼和如何吃，我經歷了很多折磨。起初是因為控制血糖和強迫自己吃健康和抗癌食物，沒有胃口，想吐，試過聽着音樂，放鬆，慢慢吃慢慢吞，最終食物吞進肚裏，但也全部嘔吐出來。後來因為化療的副作用，食物變酸變苦，試過最簡單的白麪包也吃不下，因化療引致的嚴重腹瀉，我不敢多吃蔬果之類的纖維食物，也不敢飲奶，曾經有幾餐只是白粥和蒸一隻節瓜，我記得第一次看到那隻熱騰騰的節瓜放在餐桌上，心裏面就珍惜，就喜悅，但吃了幾頓節瓜，見到就怕。

不同的朋友給我很多煮食建議，但適用的不多。化療後期，玉蓮擔心我營養不足，幫我約見了營養師。這位營養師非常親切，他給我簡單而適切的飲食提示。最重要的是，他舒緩了我的飲食壓力，他「釋放」了我，救了我。

他的意見跟一般的抗癌意見不同。他提醒我如何在普通食物中吸收蛋白質，簡單的魚湯也可以。營養師也支持我吃牛肉。很多人勸我不要吃牛肉，我患病前也不多吃牛肉的，但我紅血球指數低，而且在化療期間，我特別喜歡吃西式牛扒，因為其他肉類的味道都變了。

「人活着，不是單靠食物。」（〈馬太福音〉4：4）是我很熟悉的經文，是魔鬼用食物來引誘正在禁食的耶穌，耶穌就引用舊約《聖經》來回應。因為進食艱難，我時常思想這節經文的意思。這節經文在舊約《聖經》的背景是以色列人出埃及後在曠野漂流期間，因為食物而鼓噪，又埋怨神。《聖經》這樣寫：**「祂苦煉你，任你飢餓，將你和你列祖所不認識的嗎哪賜給你吃，使你知道人活着不是單靠食物，乃是靠耶和華口裏所出的一切話。」（〈申命記〉8：3）**

對一個病人來說，吃與不吃都是「苦煉」。我只是吃不到想吃的東西，及難以吞嚥可以吃的東西，我不是飢餓，飢餓才是真痛苦。我的情況只是考驗，不能吃的日子雖然淒涼，但我學習忍耐，有時沉着有時快樂，輕輕告訴自己，苦味和酸味的日子會過去的。

2017 年 11 月

「好番」

外科醫生解釋病理報告後跟我說：「已經好番。」

「好番？還有電療和標靶啊。」我充滿疑惑。

「話俾自己聽好番。」醫生很爽快很雀躍說。

是這樣嗎？告訴自己「好番」，就「好番」嗎？我「好番」了嗎？是誰決定我是否「好番」？「好番」，為何我不是開心？為何我這麼迷失？

10 月下旬，秋涼，傍晚，我上去公園較高的位置，坐下。我來過這個公園很多次，卻是第一次走到這個高點。

不遠處是屏風一般的鬧市商廈，頭頂有寬闊的天空。我被很多事物包圍，「好番」兩個字在我頭腦和內心急速轉來轉去，纏繞着我。

醫生是權威吧，既然說我「好番」，我為何疑惑？我不是渴望「好番」嗎？

坐在公園這個位置，想着自己「好番」，我愈來愈感動，尤其是當我發現公園對面的大廈，就是我被確診患上癌病的地方。回望着患病的歷程，再細想着外科醫生那句說話，我覺得這棟大廈已經不再一樣。夢魘過去了。我已經從這棟大廈走出來了。而且，我可以「話俾自己知已經好番」了。

主啊，我感謝祢。「話俾自己知已經好番。」這句說話令我感動。我慢慢感受到有一份喜悅和感恩，很慢很慢，卻很堅實很穩固，是很深的感動。我「好番」，可以除下病人的標籤，我是康復者。我康復了。

晚上，回家，我仍然想着那句說話，想着想着……我察覺自己的渴望，我希望主耶穌對我說：「你已經好番。」主耶穌的說話比醫生的權威和數據更重要。怎樣才算「好番」？忽然有所感悟：「從疾病和復發的陰影走出來，就是好番。」

2017 年 12 月

微笑

我躺在電療牀上，笑了。

電療，是放射治療的通俗講法。這是我第六次的電療。那台巨大白色的治療機放射高能量的 X 射線，無色無味無痛。我覺得治療機像外星怪獸，獨眼，長頸，從我後面探過頭來，「茲茲」的叫聲，近距離緊盯着我，「電」我。

「電」之前，有兩至三位治療師為我墊高雙腳，並在我身體畫記號貼膠布，最後用毛巾蓋着我手臂和肩膀，有時為我多加一張薄毛氈。他們說一些我不懂的術語，我爭取機會問一兩條問題，讓自己明白多一點，但始終不清不楚。我最清楚的，是要保持姿勢和正常呼吸。大約兩分鐘就結束。

放射治療師每次做好準備就退場，開機，剩下我一個人。我望着白色的假天花板，看見那些板塊鑲了大大小小的正方形天花燈。如果是圓形，氣氛或許會輕鬆一點吧，我想。三角形就更活潑。或許，如果，是星星形狀……噢！太夢幻了。

冰凍治療室在幻變中，氣溫升高了。我沒有再理會大怪獸，只看着天花板，放鬆心情，那看不見的X射線是派對的幻彩激光，還有幾位天使在我頭頂飛舞。嘿，派對啊。我笑了，在牀上微笑着躺着。終於在治療中笑了出來。我心裏問主耶穌，發生什麼事？

對，我改變了，輕鬆了。或許因為我熟習了環境，也熟習了幾位治療師，又或者是治療師問候了我一句。我仔細思量，是我終於完全接受電療了。

電療不算辛苦，但醫生是在很後期才清楚告訴我要電療。我很沮喪，又多一種煎熬，而且真的像「煎」，朋友說會「電燶」。及至手術完成，我慢慢回想每個歷程，感受上主無限憐愛憐憫，滿有恩典，我的心打開了，對所有療程都放開懷抱了。

我邀請主耶穌陪我，我不用獨個兒面對怪獸。後來，怪獸也馴服了。牠看着我，我也好奇注視牠。牠規規矩矩地轉動，沒有唬嚇我。有一次我忍着不打噴嚏，在電療結束時，我竟然對怪獸說：「謝謝，老友記。」

治療師也愈來愈親切。我每天去醫院，就像上班，去同一處地方見同樣的人，在完成治療後，治療師有時還會加一句：「明天見」。原本呆呆滯滯的我，又報以微笑。

2017 年 12 月

不太抵抗

手術後的不適不算嚴重，只是睡覺時有小小困擾，傷口和肌肉也有點繃緊。

玉蓮很有經驗應付肌肉的痛楚和不息，她提示我放鬆。她說：「就是不太拒絕或抵抗地靜觀肌肉疼痛，它會脹痛然後舒緩，也可以先靜觀舒服的部分，然後感受全身，呼吸舒緩，再靜觀不息的部分，來回做幾次。」

我喜歡玉蓮說「不太拒絕和抵抗」。在治療過程中，其中最痛苦傷心的，當然是化療期間身體極度虛弱，其次就是自己意圖拒絕和抵抗所帶來的衝擊。簡單來說，就是自己未能真正接受，所以有額外的愁苦。

經過連番挫折和實戰，我愈來愈可以順其自然，明白不太拒絕或抵抗的需要，尤其是身體的不適。傷口現在已康復，但肌肉有麻痹和間歇的痠痛，有時會有突然而來的刺痛，像有一口針在刺入，我就仔細留意痛從何處來往何處走，留意一下痛的程度和情況，去認識，去等候，讓痛過去。好像還有四隻腳趾一直麻痹，我也不肯定是四隻或三隻或兩隻，總之兩隻腳都有麻痹的腳趾，唯有拜託其他腳趾代為照顧了。

康復
蔡揚眉

2017 年 12 月 / 蔡揚眉

感恩

2017 年是難忘、艱難又滿有恩典的一年。

在教會的街坊飯堂中，我跟大家分享和見面，有一位女士知道我患癌症，她不停說「好慘」、「好慘」、「好慘」。她真情流露，令我感動之餘，忽然一幕幕辛苦的情景跑出來……內心也有感觸。但我隨即捉着她的手說：「很慘啊，但慘完，過去了。」對喲，最艱難的部分已經完成，有時有種仿如隔世的感覺，覺得自己像再活過來，像再生，很奇妙也很感恩。

我記得化療第四次後見外科醫生，當時整個人連坐直也沒有氣力，醫生見到我虛弱得很，說會好過來，就像士兵打仗會受傷，但傷口會復元。我當時半信半疑，擔心身體已被化療完全摧殘，我又經歷兩次輸血，但現在日漸康復，真的感覺到自己有氣力和活力，內心無限感恩。

最感恩的，是原本三厘米的腫瘤縮細至三毫米，我的手術創傷很細，康復順利。感恩上主藉藥物醫治我，我對藥物有很好的反應，這是恩典。還有在治療期間遇到充滿善意的醫護人員，更有無數的弟兄姊妹為我代禱，陪我看醫生和入院出院。我還有半年的標靶藥物治療，求主保守我的心臟，不會受標靶藥傷害。

經歷重病，我體會別人對我的仁慈和善良。我也希望在自己的生命中，保持仁慈和善良。最近送了一本小說給一位中學生，是 R. J. 帕拉秋（R.J.Palacio）的《奇蹟男孩》（*Wonder*）。小說近來拍成電影，是很溫馨及勵志的故事。男主角是一個 10 歲的男孩，臉部有殘缺，但他克服了各種困難，還有他的姐姐和其他小朋友、青少年的成長片段和掙扎。

男主角的校長托許門先生在畢業禮致辭時說：「給予比應給還要多的仁慈，這句話很棒吧！比應該給的還要多的仁慈，意思是光是仁慈還不夠，必須付出更多的友善。」

「如果這裏的每個人都謹守這個原則：無論你在哪裏，無論何時，都努力去給予更多的仁慈。那麼，這個世界一定會是一個更好的地方。如果你能這樣做，如果你能釋出更多的善意，某天，或許在某處，會有人在你的臉上，在你每個人的臉上，看到上帝的臉。」

另外，男主角的學校老師布朗先生每月都在課堂上分享一兩句格言。九月的格言是：「當有人要你在正確與仁慈之間做抉擇，選擇仁慈。」（偉恩．戴爾博士）

我覺得要在正確和仁慈之間作選擇，並不容易，但最低限度在作出正確決定時，持守仁慈仁愛之心。

在患病中，我感受到很多人的善意，令我內心滿有喜悅。回顧 2017 年，很多痛楚，但過去了，在病痛中，我感受到被愛和被善待。迎接 2018 年，有忐忑，但懷着信心與熱情奮勇前進，也求主助我常以仁慈和善意待人。

2018 年 1 月

約定

我讀遠藤周作的《深河》，是因為故事主角的妻子是患癌病逝世。

《深河》放在書架上多時，我一直沒有讀，因為朋友說，很慘。我很怕讀太慘的故事。後來朋友又說，主角的妻子死於癌症。我就有興趣了。我想看一下大作家怎樣寫癌病患者，也想看一下丈夫怎樣面對妻子的病患與離世。

癌病的篇幅很小，丈夫不懂得表達感情，或者根本不懂感情，妻子的性情很吸引我，她會對樹木說話。從妻子彌留時對丈夫的說話，我感受到她對丈夫的情感。她說：「我……一定……會轉世，在世界的某處。我們約好，一定要……找到我喲！」妻子說話時，「一定要……找到我喲」這句，說得特別清楚，丈夫覺得可能這是妻子最大的願望。

「在世界的某處……約好，一定要……找到我喲！」這句話很觸動我。我既身患危疾，難免常想到死亡。我好像不怕死，但也不肯定是否真的不怕，所以也不敢說自己不怕，似乎有怕的部分，可能最令我害怕的，就是生死分隔，也怕分隔的太長時間。有多怕呢？有時有小小害怕，有時會很怕。死後的情況、死後的時間和復活的情況，我們所知的很有限。在情感上，如果可以約好約定，好像害怕也少了。

　　但究竟可以怎樣相約？可以生死相約嗎？從來沒有想過死後要去找什麼人，也沒有想過要人找我，我覺得自然會見到，相信必定會相見。我們在醫院，或者在安息禮拜，就時常說「在天家見」，總之在天家在天堂在永恆世界裏，就會遇見。或許這就是約定，約好在天家相見。很簡單的四個字，卻跟小說中的約定一樣，有很多的情感。「在世界的某處……約好，一定要……找到我喲！」

　　我覺得清清楚楚去約定，約好了，就放心，就不用怕。

2018 年 1 月

復工（一）

我記得有一次化療後回去覆診，我在車上，從車廂外望，看到街上市民奔波擠擁，我當時想，我因為病，終於從人羣中退出來，我幾時可以精神奕奕走回去呢？

放病假的日子，除了醫院和診所，我也會到處去，會去公園去海邊去商場去郊外，是病人是悠閒是養病的狀態。

半年後，我復工了。我走在街上，與身邊勞動階層和拉着孩子的主婦擦身而過。我好感動，因為我可以重新有體力上班，感受到自己和大家一樣有拚勁，或許各有困難，但大家都有方向地前進。

我問自己，復工後有什麼目標？工作或事工或煩惱總會出現，會完成或解決，我放下工作半年，最掛念的，是周圍的人，我希望重新聯繫身邊的人。

我走去公園，向清潔工人打招呼。他們認得我，問候我，又為我的康復而高興。我回去辦公室時，大廈的管理員大聲說：「好耐無見。」我說，病了。她以為我感冒，給我一些溫馨提示。我說，我癌病，放了半年假。她有一點愕然，隨即說，主會保守。我很感動，說改天約她飲茶。後來想到她是「替更」，不知何時再見，所以在午餐時送上一杯奶茶，在管理處再跟她多聊幾句。

眾生勞苦，我在當中，大家可以在匆忙的步伐中為身邊的人停下腳步或送上問候，總會豐富這一天工作的色彩和意義。主啊，感謝祢賜我力量回到辦公室，並走在街上，走近街坊。

2018 年 1 月

復工（二）

在復工前一個多月，我陸續參與一些工作和活動。每年 12 月，區內教會在球場舉辦嘉年華會。我很想跟區內教牧同工見面，尤其是想見淑娟。

淑娟的教會跟我教會相隔兩條街。大約兩年前，我們區內的教牧及同工到她教會開會，我看到她的教會有午間飯堂，她又親自煲湯，還設立很多社區服侍。我與她一見如故，又幾次拜訪，向她請教如何在教會開展社區服侍。

後來我病了，我向區內教會的同工發電郵和訊息，通知大家我要暫時放下工作。大家都很關心我，支持我。我因為跟淑娟較熟絡，所以在病患中，我們有較多的通訊。治療中每有特別的情況或心情，我都會通知她，請她為我代禱。

那天在嘉年華會開場前，我走到淑娟教會的攤位，一見面，我們就熱烈擁抱，擁抱完再擁抱，我終於哭了出來，良久沒有說話，盡在不言中。臨別時，她說：「等我回來。」好一句「等我回來」，很感動啊。我終於回來了。多謝大家。

復工後一個陽光燦爛的上午，我在上班途中環顧社區的面貌，我想起淑娟。我沒有預約，就跑上她教會，見她正在清潔教會。她就是這樣，清潔抹地煮餸煲湯補習講道敬拜探訪……她都親力親為。我很敬佩她。後來，我們在她辦公室傾談，我從面書知道她兒子剛到外國升學，我問候她兒子情況，她問候我復工的需要。我們一起祈禱。我記得她祈禱時說，求主幫助我每一個受損的細胞都復原……

主啊，我留意到自己的身體狀況，我的腳趾仍有麻痺，我手術的傷口仍然有陣陣赤痛，但我知道我在康復中，我知道祢看顧着我每個細胞，我知道祢愛我。主啊，感謝祢，愛祢。

2018 年 1 月

復工（三）

復工後，我要經常在外面餐廳吃飯。只不過半年的日子，有幾條街的餐廳和酒樓都大變身了，有倒閉的，有新的。

不遠處街角原本有一家麪包店，我以前間中會去買菠蘿包。麪包店消失了，熟悉的店員離職了。現在變了精緻的西餐廳，約 150 多呎地方，大約有 20 個座位，座位算是寬敞。有落地的大玻璃外牆，陽光從外面直射進來。

我和同工走進去，都是第一次。翻開餐牌，價錢不算便宜，食物是不錯的，咖啡也很好。環境和食物咖啡都令我喜悅，但我還是有一點點若有所失的感覺。

謝飯時，我感受着眼前食物的美好，美味，感恩在上班的時候有這樣的地方讓我和同工享受午餐，一切都美好。噢，一切嗎？都是美好嗎？主啊，教我怎樣禱告。

我想起以前的麪包店，想起那位兼職賣麪包的年輕主婦。主啊，感謝祢的供應，恩典、筵席，求主幫助我們在社區的變遷中，看到社區和街坊的需要。

2018 年 1 月

十公里

我「跑」完了十公里的馬拉松。事前，身邊的親人和朋友，有擔心的、有反對的、有驚訝的、有鼓勵的。我也有焦慮，最後決定帶着起跑或走完兩公里就當完成的心情出發，終於在限時內到終點。

幾年前我完成了兩次十公里。這次報名馬拉松時，我已開始了化療。原本想參加癌病組織的跑步隊伍，但不知道如何參加，結果不了了之。報名後要抽籤，我順其自然，竟然抽中，就開始想一下何時及如何練習。治療期間，我有做簡單運動，間中用跑步機或單車機來練習，計劃手術後就正式操練。

起初不知道自己要做電療，覺得有充裕的時間練習，後來又因為天氣太冷和節日關係，我一再拖延在戶外練跑。總之，不去練習就永遠有萬千理由。到我開始練習時，就發現自己真的不夠氣力。雖然我定期做心臟的檢查，並且功能正常，但我還是擔心自己有意外，也擔心自己未能完成十公里，甚至可能因為無法在一小時完成五公里而要被「送走」。

想到無法完成，我就開始焦慮、失望和難過，於是認真去想為何去跑和如何去跑。我原本不喜歡跑步的，直到很多年前看完村上春樹《關於跑步，我說的其實是……》這本書，我才被跑步吸引。但還是八年前因為和教會的年輕人一起跑步，我才正式試跑，並在半推半就下和年輕人一起參加馬拉松。那次的經驗很好，因為我喜歡向着目標進發和完成。現在患病，我就更熱切為自己定目標。這些日子，我是看着一個又一個治療目標捱過去的。

在我為跑步焦慮和情緒低落時，玉蓮給我訊息，提示我「呼吸、單純、專注神的愛」。我將這句話帶到跑步中。專注呼吸和專注神的愛，我可以做到。單純，好像有點困難。我唯有一邊跑一邊對自己說，run for Jesus, run for love（為耶穌跑，為愛起跑）。我留心自己的身體情況，嘗試單純地去跑，接受自己很有可能無法完成賽事，不求成績，只求起步。

到正式馬拉松時，我嘗試想着主耶穌在我前方，一步一步走下去。專注，對我是最重要。我稍為留意身邊人，就會分心和焦慮，擔心自己趕不上。兩公里時，我感覺良好，知道自己可以完成三公里。我繼續，並相信自己可以在限時內完成五公里。起初還可以在心裏禱告：「求主垂憐。」一步一個字。到第六公里，我雙腳差不多無力了，用上身的力帶動自己。心跳仍然平穩，呼吸暢順，只是大腿無力，小腿沒事，腳前掌有點痛。我聆聽着身體，望着耶穌。一步又一步行下去。

村上春樹在書中這樣寫：「想一想河流。想一想雲。但本質上，什麼也沒有想。我只是在自家製造的小巧空白之中，在令人懷念的沉默之中，繼續跑着。這是一件相當美好的事。不管別人怎麼說。」

「在每個人個別被賦予的極限中，希望能儘量有效地燃燒自己，這是所謂跑步的本質，也是活着（而且對我來說也是寫作的）隱喻。我相信很多跑者也會贊成我這樣的意見。」

對我而言，我在跑步中安靜和專注，也喜歡這份專注。關於跑步，其實也是我治療的隱喻。

2018 年 1 月

鳥

聽說蒲台島有戴勝鳥，朋友就帶去我走一趟。雖然找不到戴勝，卻看到新的鳥。念念不忘，總有收穫。

蒲台島很小，我們也受到船隻班次的規限，所以只在島上逗留三個小時。我們早上出發，自携午餐。下船後就往鳥兒出沒的方向走，因為戴勝多在地上，我們沿途留意草叢，但一直沒有收穫，最後在島的西南端的岩石堆停下來，碰碰運氣。

未幾，朋友就在前方的岩石上見到藍磯鶇，我趕得及用望遠鏡追看，看到藍藍灰灰的羽毛，牠挺起胸膛站着；兩秒後，牠跳到岩石的隱蔽處，我們嘗試走到較高的斜坡，希望可以多看幾眼，但再也看不到了。

時近午餐，我們在附近找一個位置休息和進食。正當我吃飯時，朋友輕聲說，勿動。原來有隻灰頭鵐在距離我約五呎的岩石之上，我慢慢轉身，但牠隨即跳進旁邊的矮樹叢，幸而被我們發現，看着牠在地上走動了一會，就飛到不遠處的山崖，先是這邊，然後那邊，最後停在岩石的陰暗位置。雖然背光，我清楚看到又粗又黑的縱紋。這是我第一次看到灰頭鵐。可以遇上，很高興，尤其是想到牠曾經如此靠近我，我就更有一種莫名的感動。我對朋友說笑，或者牠知道我是癌病康復者，所以過來問候我。

「我的鴿子啊，你在磐石穴中，在陡巖的隱密處。求你容我得見你的面貌，得聽你的聲音；因為你的聲音柔和，你的面貌秀美。」（〈雅歌〉2：14）

我今天的靈修經文。主啊，我看着鳥兒的情感，跟祢看我一樣嗎？祢喜歡看見我嗎？主啊，無論我意志消沉，抑或昂首挺胸，無論我站在岩石高處，抑或雜草亂石堆之中，祢都看見，祢都喜悅。我愛慕鳥兒，上主也愛慕我。我想着心中所愛，又想着自己追看鳥兒面貌的興奮，又想起看不到的戴勝，和那隻曾經靠近我的灰頭鵐。

除了藍磯鶇和灰頭鵐外，我今天還見到岩鷺、北紅尾鴝和翠鳥，只有翠鳥是以前見過，其他都是我第一次看到的。

觀鳥，要講鳥緣。想見的見不到，沒想過的走過來。我常跟自己說，是上主差派鳥兒來問候我。尋找等候相遇相分……如果可以相知，就更珍貴，更何況我是這樣一個病後重生的人。

2018 年 1 月

復發

我一直相信主耶穌會醫治我，但在我的相信裏面有一份悲傷，因為我擔心復發。復發的陰影纏繞我。

治療初期我就擔心。我看醫療報告的癌細胞數據，看不明白，上網查一下，愈看愈驚。我將憂慮告訴珊，又告訴她，我的癌很惡。她說，愈單純愈蒙福，在神眼中，不會分良善的癌或惡的癌，祂只會醫治、釋放。我暫時釋懷，專心治病。

到治療後期，少勇牧師用 WhatsApp 問候我，我告訴他，我仍然未能完全擺脫復發和將來會擴散的陰影。他回覆：「我相信，那種陰影是無法擺脫的……餘生只能與它共存……」少勇與病痛共存差不多 20 年，我敬佩他。他所說的話，不是概念，是他的歷練，我被他的說話觸動，好像明白多一點，其實也不是明白，只是將內心的焦慮放在一邊。

直到電療也做完，我好像康復得七七八八，我又開始想復發的問題。我和玉蓮在退修時，一起為康復禱告，我向玉蓮道出我的憂慮。我原本是不敢對她講的，她也有癌啊，不要刺激她（後來知道，她是很堅強地面對）。

我說，我擔心復發。她說：「去面對。」（她總是有辦法面對各種逆境。厲害！）我沒有面對嗎？現在回想，我是不懂面對。玉蓮又提示我想一下康復後想做什麼，如果做了，就不用遺憾。我似懂非懂，並未完全釋懷，隔了一段時間，我又跟她談復發。

這次，她問我，擔心復發是擔心什麼？我說，起初擔心身體捱不過，擔心辛苦，但現在都捱過了……然後，我吞吞吐吐地說：「很擔心沒有錢再醫。」我講完，隨即覺得自己膚淺又無信心。玉蓮安慰我，她說，擔心復發很正常，擔心金錢更加合理，我樂意分擔你的擔憂。既然耶穌這次醫你，下次也醫你，記着耶穌怎樣幫你。

有什麼方法嗎？就是記着主的恩惠。回想、回想、回想。所有都是主的恩惠，都是主所賜。主耶穌都為我預備了。我也儘量在生活和飲食上調節，希望減少復發的機會。如果……如果，主啊！如果我復發……主啊，我擔心復發……

慢慢我明白了。我無法掃走陰影，我也決定不去理會什麼陰影，如果陰影走過來，就由它過來。在我面前的，最重要的，我是否已準備好見主面。我既然可以面對生死，陰影就容易消散了。生命中，還有很多牽掛，也有很多未完成的心願，但也變得不太重要。死，就是面對主，此生追求與主面對面，到時就真的見主面了。

2018 年 2 月

登山

我和玉蓮帶着癌症都走到街上遊行，我就更希望趁我們還有氣力的時候一起上到獅子山頂。這是我的心願，像被山呼喚，要走上去。病了，才去回應山的呼喚，我會說自己就像傻瓜。

盛夏之前，有朋友帶我行了第一次，等到冬天才有第二次，原本是和玉蓮一起，但下雨，後來玉蓮又有工作，最終只有我一個人再跟朋友上山。我繼續等機會，看天氣，看大家的時間，終於在農曆年，我見自己體力已經恢復，而我和玉蓮早前又在退修時行山，就決定自己一個人帶玉蓮上山。那是玉蓮第一次上獅子山。

我預備物資。一人一枝杖。我選假期上山，因為覺得人多會安全一點。但我太粗心，在踏進叢林時，不自覺走了較平坦的一條路，幸好有兩名路人經過，我覺得這條新路還是可以的，但始終未行過，我有一點焦慮。

不一會，我告訴玉蓮我焦慮。她提出回頭，我不想，希望再行一段之後才決定。又行十米左右，還未去到心目中的路徑。我忘記是誰提出祈禱，總之是玉蓮開聲。祈禱後，我們繼續前行，過了幾分鐘就聽到人聲，我知道安全了，終於鬆一口氣。

山路人多，山頂又擠擁又嘈雜，我們原本想一起祈禱，結果連安靜一下都無機會，我們休息夠了就下山。

三次登獅子山：第一次，我太緊張，過分緊握手杖，朋友提示我放鬆，我做不到。第二次，人家給我兩枝杖，我可以輕鬆前進。第三次，我以為自己可以成為別人的杖，但我帶錯路，而且時間預算錯了，落山時要稍為趕路，累得玉蓮腳痛。

這三次歷程像反映我的人生，又提示我的治療。我相信往後的日子，我還需要幫助，但緊握有時，放鬆有時，第三次最是警剔我，以為自己做得到，就更要謹慎。

玉蓮多次問我為何想登山，我想過很多答案，但都好像不是答案。反正登山可以鍛煉我，我又會記着，主在身旁，有主同行……先停一下，我時常記得主嗎？

主在哪裏？我差點忘記主，抑或已經忘記主。慶幸我迷路，於是我呼求……慶幸我不夠氣力，於是不斷禱告……慶幸路面濕滑，有時又沙石滾滾……主啊，祢是我的杖，我輕鬆提步時，我謹慎踏步時，你在我身邊。就像我患病，病的時候看到主，康復也要留心主在何處。

時刻記着主容易嗎？玉蓮說，留意自己何時忘記主。噢，太厲害的提示。我帶玉蓮上獅子山，她帶我登主耶穌的山。好一句「留意自己何時忘記主」。

2018 年 2 月 19 日（年初四）/ 霍玉蓮

登山

以我這樣一個少運動，少鍛煉，幾年才登山一次的人，沒想過可以登上獅子山。

走上去，不是帶着希冀，而是一心一意陪伴揚眉實現她的願望。

觀照下，這就是我。成就他人的願望，會給我無比推動力。要成就自己的願望嗎？除了耶穌的喜悅指示，其他一切，可有可無，我是一個有主體的逍遙者。這時候，我更加明白充滿主見的揚眉，配上充滿善心的我，就是最佳拍檔。

從一條雜草叢生的路走上去，人也不多。揚眉開始有些恐慌我們會否走錯路？

她已是第三次登獅子山，第一次登山時仍然在做化療。這一次，她選了未走過的路。

我們一起祈禱。

路，走通了，與大路接連。原來這才是起點。

獅子山的山路陡斜，走到三分一腳已經倦。幸好，揚眉是個好師傅，每一步教我把腳輕輕放下去。用靈修的知覺去走路。腳，自然鬆軟而力量均衡了。

年初四，人太多，路太窄。有不少路段，因為我們慢走而阻路，於是，靠邊走，讓人先走。是我們重複又重複的動作。

人生的路有時也很窄，旁邊危險陡角也多。搶路，是司機和行人莫名其妙的本能。讓路，不斷讓路，這裏有許多禪機。

上斜的時候，實在陡峭，有沙石，有乾草。我有位朋友曾因為所踏的乾草，下鋪着空洞，腳骨折了兩條。於是，我們每一步，都是探路，輕輕地探一探虛實，才將身體重量送上去。而且眼睛要全面視察，才判斷到形勢的高低，左右腳如何擺放？什麼角度？如何用力？才把一個人穩穩地送上一程。

走畢全程要什麼

忽然我明白了萬物至理相近。做輔導也是一模一樣，問問題去探討虛實，對方穩靠，才踩入水深火熱處，才能反問，才能激發。同時全面觀察，了解家庭成員，歷史變化，脈絡形勢，成長背景，以判斷輕重緩急，一句話問出來，角度，力度，都要準確，才把對方全人穩穩地送上一程。

稍為分心，減少真誠臨在，沙石滾滾，隨時骨折，或者沮喪恐懼滯留。

是這樣子的專注，和每步的堅持，才有幸走畢全程。尤其艱辛的陡峭位置，總是讓人很想放棄。人怎麼不會放棄？不是輕省、容易，愉悅使人堅持，反而是鎖定目標，是方向，是價值，是人往更真更美的道路攀過去。痛苦，是必然的。無謂的痛苦，卻要細心避免。

一路默想，一路專注。二人彼此鼓勵，很長很長的路，走完，就覺得很短了。

山頂，人太擠了。

逗留一陣，看見許多人冒險坐在懸崖邊拍照。觀看了很久，他們興奮雀躍，輕視危險，愛臉子又想超越，戰戰兢兢，又歡歡喜喜。我看了很久，若果有一個人，一時失掉平衡，真是不堪設想。人，要在鏡頭前逞威風，這是什麼心理？

下山，比上山，更難。

多謝揚眉不斷指示，鼓勵。

最後，我有幸舉起一個V 字手勢。帶着偷笑的自豪，自己倒未太認識那個能走上獅子山的自己。

筋疲力竭又肚餓口渴的時候，怎樣去感謝主呢？在我們身前，停了一部讓我們可以安心安舒的計程車，載我們去找安慰身心的食肆。

領路的主耶穌，由始至終留下印記。

病中感悟

霍玉蓮

我們的生命故事，有時候，好像一齣戲。我們很想知道身邊的人如何演戲，就好像正在閱讀我的故事的你們。

為什麼一下子就進了醫院？其實連我自己也不知道。總之，那天就進了醫院。簡單來說，我驗身後，突然之間發現癌指數很高，何醫生在晚上給我電話，很關心我，建議我翌日或之後一天立即入醫院檢查。那時候我說：「不可以啊，怎會有時間？」他說明天不能就後天，我就想：「為何這麼趕急呢？」現在回想，我那時的警覺性真的很低。「好吧！後天啦。」我因此取消了一個督導工作。結果，驗身後，就「嘩然」！「吓，我的肝臟怎麼有一個十多厘米的腫瘤？」然後故事就接續發生！

我在手術期間反思一些問題，這些問題在手術之後慢慢反省再反省，總結了八個要點。

這八個要點之前，要先提到，我的故事，主角是主耶穌。如果有什麼值得感恩、讚美、反思和喝采等，都是主耶穌，是祂作了我們無法明白以及神奇的事。

還記得（入院前）一個下大雨的晚上，我兩個可愛的女兒——陳楚思和陳楚天救了一隻小麻雀，一隻淋了雨全身濕透的小麻雀。神不但救了小麻雀，還救了人：我也是淋得一身濕透，然後被祂救回。驗身後至手術期間，我經歷了很多家庭溫暖，我兩個女兒簡直把我當成慈禧太后般，陪伴着我。她們扶着我問我吃什麼，叮囑我小心走路等，讓我感受原來病是那樣美好，女兒如此待我好，把我看得很重要。有一夜祈禱後我畫了我的肝臟，又畫了一隻手：是神的手托着，黑黑的，神照料着它；另一邊有一滴眼淚：主耶穌為我們流眼淚，這是入手術室之前所畫的畫。

〈約翰福音〉6 章 29 節：「耶穌回答說：『信神所差來的，這就是做神的工。』」

〈以弗所書〉3 章 20 節：「神能照着運行在我們心裏的大力充充足足地成就一切，超過我們所求所想的。」

〈哥林多後書〉4 章 7 至 16 節：「我們有這寶貝放在瓦器裏，要顯明這莫大的能力是出於神，不是出於我們。我們四面受敵，卻不被困住；心裏作難，卻不致失望；遭逼迫，卻不被丟棄；打倒了，卻不致死亡。身上常帶着耶穌的死，使耶穌的生也顯明在我們身上。因為我們這活着的人是常為耶穌被交於死地，使耶穌的生在我們這必死的身上顯明出來。這樣看來，死是在我們身上發動，生卻在你們身上發動。

但我們既有信心，正如經上記着說：『我因信，所以如此說話。』我們也信，所以也說話。自己知道那叫主耶穌復活的，也必叫我們與耶穌一同復活，並且叫我們與你們一同站在他面前。凡事都是為你們，好叫恩惠因人多越發加增，感謝格外顯多，以致榮耀歸與神。所以，我們不喪膽。外體雖然毀壞，內心卻一天新似一天。我們這至暫至輕的苦楚，要為我們成就極重無比、永遠的榮耀。」

這些經文對我很深刻，很有同感。經文說：「身上常常帶着耶穌的死，主耶穌的生也顯明在我們身上。」我想，我們都不喜歡把死帶在身上，還把耶穌的死帶在身上，所以常常讀到此處便會跳過去，去「生」那邊，因為人的天性是怕死的。但經文提醒我們，身上帶着耶穌的死，主耶穌的生也顯明在我們身上。

這次，我內心有很深經歷。如果我遲了發現腫瘤就真的死了。肝腫瘤已經很嚴重，而且是 10.6 厘米。何醫生說，他以前的老師說要是肝腫瘤是五厘米，已經大到不能動手術把它割掉。

這樣大的腫瘤，我竟然沒有發現，再遲些真是死了也不知道。

然而，患病不是帶着耶穌的死，患病只是人的死，身上帶着耶穌的死是什麼意思呢？主耶穌的生顯明在身上又是什麼意思？還有，「我們不喪膽。外體雖然毀壞，內心卻一天新似一天。」意思是什麼？

我們一直邁向老年，會有很多病痛，周身骨痛等，自然會邁向毀壞和衰殘。年輕的也會病，但我們內心可以「一天新似一天」。我有八方面的感受：

一、愛在人間實現

我患病的時候，第一時間收到身邊各位的愛，其實他們才是主角，令我很感動。

記得其中一個感動是收到馬仔一則電話訊息，他說：「我已跟太太商量好，如果你有什麼事，我會捐肝給你。」嘩！太感動！馬仔令我流眼淚！很感動！人間這樣美好！人性如此美好！

Rebecca 又寫訊息告訴我，她心痛了一日。我又感到：「嘩！人與人之間的感染力，互相記念原來是這樣真實，生命的寶貴原來就在人與人的愛之間。」所以我感覺到「愛在人間實現」。

我住院時有很多人看顧我，守護我，譬如 Miranda 和揚眉晚晚守護我，何醫生告訴我該吃什麼不該吃什麼等。我的主診醫生盡責，但非常辛勞繁忙，是快閃醫生，幸有何醫生細心為我解釋，他對我的照顧令我十分感動。

Elite 怕我傷口痛，又特別買了腰封給我，我家沒有工人，她又送湯給我，好像小時候沒有被照顧的地方現在得回很多的照顧，人間的愛如此實現。

又有另一個感動是，那天做手術前，約 4 時，幫我家清潔的姨姨打電話給我，說：「陳太，你不要害怕，沒事的，你千萬不用害怕，你心地如此善良，你的神會保守保護你。」我真的很感動！為何一個清潔姨姨也待我這般好？我突然覺得周圍的人好像天使，其實人沒什麼所求，就是求人間有愛，周圍的人在有困難的時候回應你，這就是人生中最大的寶貴，也是最真實的，是人生的全部。

這裏我再深入去想，其實我們一生，種什麼收什麼。《聖經》說：「種的是什麼，收的也是什麼」。我放很多時間、心機和精神去栽種生命，我相信每一個人也是，你現在放很多時間、精神和心機去栽種周圍的生命，親戚朋友的生命。有一天，你會知道那裏有很多花朵、回憶，你會覺得生命很有價值。如果我們把時間、精神和心力去栽種死物，那些回憶仍然是死物。

揚眉有一次對我說了一句話，令我有很大的啟發。她說：「We are how people see us，別人怎看你，那個就是你。」你們仍有生命的時候，你怎樣投放自己的時間？毋須吝嗇，毋須計較，不需要祈望有什麼回報，那就是你的實現，成為你的自己。

二、學習明辨

當初得知患肝癌，消息來不及消化，像戲劇，怎麼我會有癌症？雖然很多現代人有癌症，癌症通常也被視為絕症。但我第一個反應是希望別人千萬不要誤會神，因為通常有什麼事，人就會說：「神真是整蠱你，你不要侍神太多，你侍奉多就知味道，整個癌症給你，整些什麼給你……」

我記得有一次搭的士，我那可愛的小女兒對我說：「媽咪，你不要做聖人啦！」我即說：「傻豬，我不是聖人，你放心。」她這樣提問就是很怕什麼聖人、事奉神的人就會有這些病。她又問我：「媽咪，你有沒有嬲神呀？」我說：「沒有呀！一丁點都沒有。」她就沒再出聲。

我覺得就算她為我而嬲神，也是着緊我，我完全體會她的真心。但在我心中，我很不想有人誤會神，因為人世間所有的難處和苦難，全都不是神造的。只不過我們就是生活在一個有缺憾、有病菌、秩序破壞的世界，所以我們一定會經歷苦難或經歷各種的病痛，但這些都不是由神造出來的。

在醫院時，我唱了一首詩歌給女兒聽，這詩歌是我信耶穌時唱的，歌名是 *I Heard God Today*。

I Heard God Today

I heard God today
In the whispering trees.
His voice speaking tenderly.
Telling me of his wonderful love.
Whispering these words to me.

"I love you, I love you.
I want you to know. I'm with you,
I'm with you Wherever you go."
These are the words
That I heard God say
Beneath the trees
Beside the stream today.

I heard God today

In a melody sweet.

The song of a bird in a tree.

Each little note

That poured from its throat

Told of His love for me.

"I love you, I love you.

I want you to know. I'm with you,

I'm with you Wherever you go."

These are the words

That I heard God say

Beneath the trees

Beside the stream today.

耶穌給我們世界上所有的豐富。「I love you ！」好簡單！這歌是我信耶穌時唱的。由我信耶穌到現在，我總是記住：「I love you. I love you. I want you to know. I am with you. Wherever you go.」無論你往哪裏去，神都是愛你的。我由信祂開始，我知祂就是如此愛我，祂並非不愛我。

素華送了一幅畫給我，上面寫着：「Woman is like a tea bag. You never know how strong she is until she's in hot water.」

究竟有多 Strong ？真是一語雙關。有人問我怕不怕，其實在這個過程中，真是會死的，尤其是六小時的手術，可能醫生一個不留神切錯血管，又或者流血不止，任何錯誤也可引致死亡。但那時的我對於生死卻有種淡然，真是不怕死。或許不只是那一刻，我一向也不怕死。也許很多人也不怕死，怕的是痛，怕辛苦多於怕死。生和死好像一扇門相隔，打開門，去到另一個真實的世界，真實的人生。

對我來說，我的「點滴親和課程」尚差兩個單元未教，要是能夠教完就好了，學生能夠畢業就好了。我問上帝：「為什麼不讓我先教完？」我這樣問真太過分！同時，我又覺得那些深奧的單元已經教完了，只是剩下較淺易的，有種死而無憾的感覺。

劉進圖來探病時，他聽我說死而無憾，他對我這句說話表示震撼。我的而且確覺得沒辜負什麼人，沒對不起什麼人，真是死而無憾。不過想到如果我死了，有沒有人會不開心？想到家人，如果我死了，他們會不開心。為這個緣故，我願意留下來。

當何醫生告訴我驗身報告結果時我很感動，因為何醫生哭了，揚眉也哭了。當時我就向神說：「只要祢不答應，沒有人能夠把我的生命奪去。」所以我不太怕。

另一方面，我也學習到在靈魂裏頭的一種明辨。雖然我在人的信念中有執著，我不太怕死。但那幾天也有一些思潮來騷擾我，令我分不清哪些聲音是來自上帝，哪些是來自魔鬼。魔鬼來試探我們的時候，牠會用我們的「特點」來試探我們，牠不會用不合我們的來試探我們，例如叫我去害人，打家劫舍實在不適合我。

我在醫院時畫了一些圖畫，其中一幅是倒影，依着醫院牆上的畫來畫。畫倒影時，有一片樹葉落在倒影的光中，好像不太好，於是我把它擦掉再塗顏色，結果那個部分「瘀色」了。我不太喜歡。我喜歡美感，又喜歡完美，於是自己便有些不良預感。

深夜醫生來探我時，我問：「可否不切除膽，只切肝，留下膽？」醫生說：「吓！肝你不問，反而問個膽？」意思是說我的膽只是小事，不要也可以。其實我不知為什麼要切走膽臟，後來問何醫生才知多些。他告訴我全港只有 1000 多人有肝癌，肝癌死亡率高，20% 因併發症等情況就走了。那個晚上，我有陰影，擔心這些是否不祥預兆，當時我想：即使手術完成，有什麼榮耀神呢？手術期間昏迷才是偉大才是榮耀神吧。

如果分不清是神的聲音，還是惡者聲音，你會覺得魔鬼的聲音也很神聖、很像神的聲音和很真實。當時我不太清晰，但現在很清晰知道那是惡者的聲音，牠好像説犧牲更偉大、犧牲更加榮耀神。魔鬼要用你神聖的思想來嚇唬你，所以有時當你有神聖的思想，不一定來自神。牠不會給你平安，卻給你一種神要你怎樣怎樣的想法。其實不是特殊情況才可榮耀神，神不需要。就算我不患肝癌，或者我肝癌死了，都可榮耀神。與生無關，跟死得壯烈與否也無關，這些都是人類的愚昧。這個過程已經過去，當中也會體會孤單無助，有很多想法，所以更要學會明辨。

三、何謂無辜？

當知道有肝癌時，就追蹤原因。可能有人説你做這麼多影響身體的事，暴飲暴食？肥胖？飲酒？夜睡？其實我沒有這些壞習慣的，我最遲1時前就睡，青少年很夜睡，我常勸女兒早睡。如果有癌症，千萬不要説是吃得不好，其實沒關係。有人吃得差可能沒癌症，有人吃得健康可能有癌症。我們只可以説，患癌是很無辜的，是一種無妄之災。

我的肝癌是原發性乙型肝炎引致的，怎避也避不了。在過程中有些無辜感，覺得真慘，無端端受了痛苦和委屈。但我想到，耶穌受的無辜更大，祂將人類所有對祂的辜負與錯誤，都擔在肩頭上。我頂多也是承受了世界環境的污染、食物問題等的「辜」。

我出院時 Elite 介紹我去看醫院的中醫，想了解一下日後如何調養。中醫説，牛豬都不可吃，因有激素。魚呢？本來可食，但深海有重金屬。羊、雞什麼的全不可吃。

世界的環境污染得厲害，吃什麼也是死，有機的又很貴。我可以説是因世界的各種問題而受了「辜」，可能我自己也有些「辜」，雖然不知道，但耶穌是完全無辜的，祂一點「辜」也沒有，就要擔當苦痛在身上。我內心十分感動和激動，神就是這樣，我體會到一個無辜的耶穌。

四、為什麼是我？

我發現我很少這樣問。有一次我的姪女問我關於學校欺凌的事件，她在學校被欺凌，真是陰公又很無辜，這樣那樣加在一起，她被人杯葛，跟她談完後，她問：「為什麼是我？為什麼不是別人？」是她容易欺負？是她太乖？是她不懂抵抗？所以，看到邏輯嗎？當你遇到無辜，一定會問這些問題。我們會認為這些因素導致我受了無辜的害。其實就是無辜，與這些因素無關。我就告訴她，當我們想「Why me」的時候，其實潛台詞是：「Why not he？」「Why not she？」但如果當我們說：「Why not he？」「Why not she？」那麼我情願「me」啦！

我又說：「我現在是癌症，那麼我說：Why me？為什麼是我？你說為什麼呢？」她不作聲。「假如我先生有癌症，我弟弟有癌症，你有癌症。」她說，當然不好啦！

所以其實不是「Why me」，因為「Why me」其實是說寧願其他人發生這些事，可是我不想，我真不想我女兒我丈夫有癌症，我寧願自己有。

我記得小時候聽過一個電台節目叫《幸福玻璃球》。每次開始時有這句特別的開場白：「幸福就好像一個玻璃球一樣，打爛了跌下來，有人拾多些，有人拾少些。」

今天我拾起了肝癌，可能這份大些，你拾了筋骨痠痛，有人又拾了手斷腳斷，有人拾了踢波傷腳等。其實我們每個人也拾了一些不幸，可能是身體不幸，或者家庭不幸，家人婚外情、情緒問題、讀不到書等。所以，我們可以豁達一點，我們所有人都會拾到不幸，重點不是「why me」了。如果我們拾得不幸，應該開心，因為不是別人拾得這個不幸了。我內心並沒有什麼抱怨，真的丁點也沒有。

我在醫院做手術後，每天也聽靈修。有一天聽到「好牧人為羊捨命」，我深入默想，突然有個新的觀點。好牧人真好，有一隻狼走來，有個賊走來，奮不顧身走出去跟狼拚了，為羊捨命令我很感動。我們總覺得既然牧人為羊捨命，保護了羊，即是羊沒事了，但祂其實只是為羊捨命而已。如果祂打狼的時候，祂也死了或給狼吃了，那剩下的羊呢？我想耶穌為我們捨命不等於我們一定安全，一定不會沒事的，祂只不過是奮不顧身為我們捨命。我想當耶穌死了，門徒也給人追殺、殉道。所以，好牧人為羊捨命不保證我們是沒事的。但我們心底常說：「只要主耶穌為我犧牲，我就沒事，只要我信耶穌，我的生命就會沒事，只要我吃得健康就沒事。」諸如此類，所以當有災禍降臨時，我們就很容易埋怨和激動。

就我的情況而言，我覺得神是可畏和可敬的，因為神在靈修時對我有些預告，不過我當時未明白。當我成立使命團的時候，我問上帝：「基督為依使命後來會怎樣呢？請祢告訴我。」

我做了一個Music Journey，播放音樂時我聆聽神的聲音，一幅幅圖畫出現，先有個黑海「嘭」一聲倒瀉、反轉，然後變成玻璃海，跟着有小船、月光、小鳥等。到後來，經過一條隧道，很黑很黑，但牆身有很多寶石、瑪瑙翡翠等，到了盡頭，我掉下深坑，只有我一個掉下，鳥兒不知去了哪裏，火在燒，卻又沒燒死我。我上來，之後有金色大寶座升起。當時我在想，很好看呀！畫面好像一齣戲，我畫了出來，但不是完全明白。耶穌很有幽默感，很喜歡出謎語，講故事，不死板。Music Journey 的意思，祂慢慢讓我知道了。

很多人認為我很有學養修養，告訴大家一個秘密，我哪有什麼學養修養，都是神教我的。那些瑪瑙寶石是無端端拾回來的，尤其是我講唐君毅先生的四條路都是拾回來的。當我掉入火中，以賽亞說：「你從水中經過，我必與你同在；你趟過江河，水必不漫過你；你從火中行過，必不被燒，火焰也不着在你身上。」所以神是十分奇妙的，祂預言的事，祂自己會成就。

我又問神：「神呀！讓我完成整個課程吧！不要影響學生畢業。」我的責任心很強，很想立即復原開課，我不知為何不讓我先完成課程才病。

神給我第一個感應是我不照顧自己，只愛護什麼使命使命使命。但我覺得這個感應未能回答我的問題。我未做手術前，有節聖經回答了我這問題一半。

一羣門徒問耶穌，何謂作成祢的工，祂說：「你們信那差我來者就是作成我的工。」我很想做神的工，很想出去做些事情，該做什麼？就是「信那差我來者」，即是信祂就可以了。嘩！神的話真是玄妙又玄妙！這時我才明白，得到肝癌的我，已經在作神的工，整個過程已經在作神的工。當然我仍不甘心，遲些做也可以吧，為何不讓我完成課程呢？我比較固執。於是我祈禱，神很快答我：「你正在做！你正在做！」我明白了！

我正在教單元，整個患癌歷程就是教單元十一，以前學生常覺得「上課很抽象很深奧很超現實，不知說的是什麼，是否做到。」今天我用生命教學。

我教學時曾說，有兩個秩序，人間永遠是善惡對壘，不會放過任何一人。苦難的重點是回應，不是事件的本身。回應，才是決定 Suffering（受苦），不是那客觀事件決定我們是否 Suffering。所以，這個還不是課程嗎？我相信整個過程，學生也有體會，甚至出現內心轉化。神回答了我，我就很安樂。

五、預防生命中的腫瘤

病中，我也思考了許多問題，我們重視預防腫瘤，開始注意飲食及健康等。但其實除了身體的腫瘤，人生仍有很多腫瘤，一樣可以變癌症，但那些我們很少預防。那些腫瘤好像是簡單的壞習慣，例如不做運動、吃東西太快，有時候我為了見受導者，很快地吃飯，甚至不吃，忽視自己，吃得快卻會影響新陳代謝。我們城市人總是快的，沒時間上廁所，不記得飲水導致有腎石，不早睡。城市的病是生活習慣的腫瘤，還有情緒的腫瘤，例如心裏害怕，怕被看不起，怕被人笑，怕瘀，怕失敗，怕比較等等，這些自動的怕是內在儲起來的腫瘤。有些人則是相反情況，「認叻」、「叻唔切」、自認「巴閉」，沒機會發揮，不被重視，重事工多於人。有朝一日成功了，人就不重要，我看過太多例子，升職出名後就變成另一世界的人，這些都是腫瘤。所以我規勸大家，除了預防身體的腫瘤，也要預防人生的情緒及各種我們不是很為意的腫瘤。

六、身體的淨化

到醫院後要禁食四天，手術前後均不能進食，腸胃清空了，任何污穢也沒有了。其實腸儲存了很多污穢物，藉此機會清一清腸臟真好，我真感受到一種身體的淨化（Body purification），完全是清洗了。

我再深入想，神真是執著，祂不單喜悅我們的靈魂聖潔純潔，喜悅我們的身體都是純潔聖潔，也喜悅我們的整個身心靈都是淨化的。這很奇妙，甚至可能沒什麼先後次序，身體心靈，都要潔淨純潔。我剛入院時是復活節，所以有種身體復活更新的感覺。

七、身體的折騰

身體的痛和情緒的痛是很不同的，身體的痛是很實在，很真實的，非常真實，而且避不了。我剛做完手術，口乾作嘔，整個下顎都乾了，幸好有 Miranda、揚眉用棉花濕我的嘴唇，把水送入我口中。如果你們有親人做手術，記住這方法。我當時真的乾到不得了，耶穌釘十架時，祂說：「我渴了。」我真感受到耶穌的乾，那時的人還給祂醋，真是痛苦呀！如果我那時沾的是醋，真是虐待我，你說人多殘忍，這樣我明白耶穌的乾。

還有拆釘，差不多六吋長六吋闊的傷口，幾十口釘，拆拆拆，感受就好像分享耶穌釘痕的印記。又有肚脹，未拆釘的時候有些棉花在裏面。肝，切細了，消化系統差了，所以即使吃很少也肚脹。那時候很不適應，丁點食物和水，肚子很快脹起來，那些釘也浮起來快要爆開一樣，但又不可能把釘按下去。怎麼辦？那時是夜晚，睡不着又不可喚醒別人，即使喚醒別人也沒用，有種叫天不應叫地不聞的感覺。神呀！祢在哪裏？祢幫我吧！為什麼不幫我？好像神聽不見，被神離棄了一樣，好像耶穌說：「父呀，祢為什麼離棄我？」

當然，我痛苦的感覺比耶穌少，我只是耶穌的千份之一，那時好像一種心靈上的孤苦和黑夜，覺得頹喪孤單。當你感到頹喪孤單，沒人幫到你時，要想《聖經》。於是我想到「我的羊，認得我的聲音」。我是神的羊，我一定認到的，只是我還未聽到而已，我一定能認得的。我沒有覺得祂不理我，而是我要去認祂的聲音。

當時我祈禱，坐下，肚子會不舒服，於是站起來走走，用手搓肚子，直覺這些都是神在教我，就這樣過了大約一個小時，舒服了，後來差不多過了三小時，我才回復正常。我覺得這是好的，經歷了人無助是怎樣的。

八、什麼是恩典

我們向人說見證時總是數算恩典，多數是說這樣多好，找到好醫生，幫我做了手術，康復了，神給我很大的恩典。但當我這樣說時，就有很大的疑惑，那些沒康復的怎樣？那些沒找到好醫生做手術的，難道是神沒給恩典嗎？大家有沒有這些疑問？但我經歷的這些又的而且確是恩典，不是靠我，甚至不是靠醫生。

當我在晚上被惡者聲音困擾的時候，不是靠主診醫生，不是靠任何人，而是靠神醫治我。得到癌症有恩典，但如果手術不成功，你說這是不是恩典？這就是我們的矛盾。當我反思恩典是什麼的時候，就要知道恩典是 gift，就是神的禮物，禮物已在。禮物是什麼？禮物是人的愛心、科學知識、醫生技術能力，如何醫生懂得替我驗身，這些都是禮物。不過，這些禮物能夠構成一個故事，就要靠互動，所有互動結合起來就形成故事的結局。

Life is a sum total of interaction，是所有人之間的互動而形成了生命。以我的故事為例，有任何一個部分的互動改變了，今天的結局也會不同。

例如，如果何醫生認為我就是這樣，已經提了我幾千次也不去驗身，真是「抵她死不理她」，他就不會苦心在開會中替我抽血。如果是這樣，我就死了。抽血後還要去醫院檢查，要是我不入院，等完成課程才入院，這樣就醫不了。又或者我找不到這位主診醫生，結果也不一樣。手術前一晚，醫生半夜一時巡房。我在想，醫生這樣夜，會不會也容易有肝癌？如此夜睡又倦，隔日替我做手術，你說多驚怕！如果他稍為精神不振，亂了切錯了，或者我康復的時候，身邊的人沒空照顧我，結果就不一樣。

有很多壞事情有機會發生，身體也很容易會出現併發症，導致不同的後果。現在這結果的背後，有很多人與人之間的互動，而這些人的互動是向着神的光而作的，這就成就極大極開心的恩典。

你可能會說有些人不是這樣的，那是另一些細節的故事，我們不能評價，我只知萬事互相效力，叫愛神的人得益處。恩典不是指特定的結果，因為神的恩典常常存在，是神的恩典在我們中間流動。

（摘錄自霍玉蓮康復感恩會。）